オリンピック返上と満州事変

バウンダリー叢書

オリンピック返上と満州事変

梶原英之

海鳴社

もくじ

序　章　昭和十五年九月……東京でオリンピック開催

昭和天皇が開会宣言

そのオリンピックが東京・駒沢のメーンスタジアムで開かれた日、昭和天皇は「第十二回オリンピックの開会を宣言する」と日本国民が想像していたより、やや高い声を厳かに響かせた。それまで天皇の声はラジオに流すことが禁止されていた。会場に来られなかった一般の国民はラジオで昭和天皇の声を直接聞いた。ＮＨＫが急いで開発していたテレビジョンが開会式の模様を放送したが、ごく一部の国民と海外メディアはテレビで送られてきた天皇の姿に釘付けになった。

昭和十五年（一九四〇）の九月二十一日だった。

外国メディアもこれから始まる競技より中国で三年も繰り広げられている戦争を一月ばかり休戦させ、平和の祭典・オリンピックをアジアで初めて開いた「天皇」に最大の関心を向けた。

オリンピックなどユダヤ主義の祭典だ、と難癖をつけて政権を手にしたヒットラーは政権を取るとぬけぬけと一九三六年のベルリン・オリンピックを自分の宣伝に使った。それが反ユダヤ主義の大会だと国際世論の反発を招いた。欧米のメデアは次の東京大会で天皇がこの大会を中国との和平のきっかけにするのか、それともこれを機会にドイツ、イタリアと軍事同盟でも結ぶのか固唾を飲んで見守っていた。いや海外からの特派員は少しでも平和の祭典に背いた〈事件〉が起きればすぐに特電を送る心がまえでいた。四年前にクーデター事件二・二六事件が起きたことが忘れられなかったからだ。

ところが特派員たちは開会宣言を聞いたあと、天皇という微笑みを投げかける平和的な表情の持ち主に対して驚き、さらに貴賓席の日本人が目も上げられないことにもっと驚いた。天皇が席にいる間、オリンピックを待ちに待った国民の熱狂は観客席になかった。天皇の席に近ければ近いほどうずくまる人が多いのに驚愕した。あれが土下座というものか。

日本政府から派遣された外人記者の世話係は、「政府はなにも強制していません。たまたま広いスペースがある人が体を屈めているもので、自分の父母も家のラジオの前で直立しているか、泣いているか、蹲くまっているかの、どれかだろう」と語った。特派員らは「日本人は嬉しいと固まるのか」と怪訝な顔をした。ところが競技が始まると、日本の観客は日本選手の「一位」のみに熱狂した。打電された記事には前々回のロサンゼルス、前回のベルリンで日本人選手が見せたフェアプレー精神はどこに行ったか、と書かれていた。この国では外国人は敵だった。日本が一等になることしか喜ばなかった。

外国特派員は、ジンギスカンもしなかった中国の奥地まで戦闘員を送る大戦争の意味が漠然と理解できた気がした。

日本人は先のことを考えない。刹那的な勝利にストレスを解消する民族だと驚いた。

聖火がアフガニスタンを走る

そこに聖火が走ってきた。普通の白いランニング用のパンツとシャツだったことに、外国特派員はしばらく眼をひきつけられた。そしてホッとしたのだ。噂にあったように甲冑や軍服姿だったら「日本、予想外に平和的」という書きかけの原稿を「軍国主義の大会」と書き直す面倒な仕事を予定していた。白いランニングシャツは、その仕事からの解放を意味した。とにかく会期中は「スポーツ記事だけ書けば良いらしい」と気が緩んだ。

この聖火リレーは東京開催が確定した昭和十一年七月三十一日、ベルリンのホテル・アドロン「鏡の間」でのＩＯＣ総会から約一年後に表明された日本案通りだった。日本国内では皇紀二千六百年に日本で開かれるオリンピックなら聖火はギリシャからではなく、神武天皇の東征にならい日向（宮崎県）の高千穂嶺から東京の会場にリレーすべきであるとの「神火リレー」案が陸上競技関係者からも沸きあがり組織委員会は紛糾した。しかしアテネを起点にする案がまとまり陸軍など官庁も納得した。

走りこんできた聖火トーチは計画通りギリシャのオリンピアで採火され、船でシリアに運び、バグダッドからテヘランを経てカブールに来た。そしてインド北部から中国の新疆（今のウイグル自治区）、内蒙古に行き、そこから北京に入った。再度北に向かい満州国の首都・新京に到着。そこから朝鮮を縦断して九州は門司に上陸。山陽道、東海道を駆け抜けて会場に到着したのだった。日中戦争の最中でも壮大な計画は孤立していなかった。日本の組織委員会は在外公館を通じ外交関係の薄いトルコ、イラン、アフガニスタンなどにリレー通過の許可を求めた。この企てに感激して協力を伝えてきたのはアフガニスタンの皇太子であった。彼は指揮をとり、数万人を動員してイラン国境から平均標高五千メートルのパミール高原まで聖火を安全に通過させる、と回答してきた。日本の陸海軍の下僚たちは反対だったが、情報収集の良い機会と軍幹部が反対を抑えた経緯があった。

第一回のアテネ・オリンピックを除き開会前から聖火が世界で話題になった初めての大会だった。ベルリン・オリンピックはドイツがギリシャ以来の欧州文明の嫡出子であることを謳いあげる大野外劇《ページェント》だった。ＩＯＣもヒットラーが考案した初の聖火リレーに感激した。

次の東京大会は遠いアジアで行うオリンピックだから世界の文明史を描く壮大なものであってほしい、というＩＯＣの期待もあって、計画決定の前から東京大会の聖火リレーに関心が集まっていた。いやアジアの代表としてオリンピックを開催するのだから、聖火リレーの中で日本の文明観を見せて欲しいとの注文があったのだ。

日本の代表は一九三七年（昭和十二年）に亡くなったクーベルタン男爵の友人のミスター・カノー

だ。ＩＯＣから立派な大会にしてくれよと期待されていた。

日本の組織委員会は聖火リレーに国内外がどんな対応をするかおっかなびっくりだったのだが、トルコなども賛意を表し、外国との交渉を面倒くさがっていた日本の官庁も腰を上げた。

実際は返上されてしまった東京大会

しかし、これまでの記述は、実現しかかっていた第十二回オリンピック東京大会のために作られた計画などに従って書いたものだ。アフガニスタンが聖火コースを認めたのは本当のことだ。

このオリンピックは昭和十三年七月十四日に木戸幸一厚相（オリンピック担当相）が「返上」の腹を固め、翌十五日に閣議で正式決定した。オリンピック成功に邁進していた小橋一太東京市長には、軍人出身の荒木貞夫文部大臣が「返上」の旨を報せ、ガッカリさせた。

返上の理由として国民に説明されたのは、日中戦争を行うための経済統制計画の中でオリンピック会場を作るための「鉄」が不足したことだった。

しかし「返上」した本当の理由は、中国との大戦争のさなか、東京大会が、米国と中国にボイコットされる恐れであった。ボイコットされ惨めな大会に終るより「返上」するほうが良いと考え、「鉄」不足のせいにした。

これで昭和十一年七月三十一日ベルリンのホテル「アドロン」鏡の間で開かれたＩＯＣ委員の投票

で決まったオリンピック東京開催の計画は約二年で夢と消えた。

世界が戦争に揺れる中のほぼ二年、日本の朝野は、アジア初のオリンピックを実行するのか、しないのかで大揺れに揺れた。陸軍が反対したので「返上」に至ったなどという単純な話ではない。国会では戦後、東京オリンピックの担当相となる若き日の政友会代議士、河野一郎が青年を駅の一方で戦場に送り、他方でオリンピックに送れるのかと反対演説を行った。もちろん中国と泥沼の戦争をしていた陸海軍には負担だったが、ヒットラーがベルリン大会で実現したような国威発揚を日本でもしたい、という夢を見た軍人もたくさんいた。大会の主体となる日本体育協会は次第に、財源を政府や東京市に握られ、体協は損な役割だけに追い込まれることに嫌気がさしていた。

嘉納治五郎の活躍と死

予想外のオリンピック招致を勝ち取ったのが柔道の創始者にして有名な教育者、嘉納治五郎の国際的な影響力だったことを国民の全てが知っていた。政府、東京市や運動界の期待を背負い、当時七十九七歳の高齢を押して東京開催を勝ち取った嘉納は、一年半後東京オリンピックの準備状況を説明するためにカイロでのＩＯＣ総会（昭和十三年三月十日）に出席した。東京、札幌大会の正式承認と東京大会の会期を昭和十五年九月二十一日から十月六日までとすることを確約した。しかし総会閉会後、オリンピアで行われたクーベルタン男爵の「心臓埋葬式」に出たあと米国に回り、帰国の氷川丸のなかで五月四日急性肺炎のために急死した。日本代表として総会に嘉納と同行した元外交官の永井松三・組織委員会事務局長が嘉納の最後を船中で看取った。あと二日で日本の土地を踏むところであった。

永井によると嘉納は船中で体調を崩しかぜを引いた。ところが四月二十九日の天長節（戦後の天皇誕生日）になるとモーニングを着たいと言い出した。永井は嘉納の体に悪いと考えたがモーニングを着させた。甲板に出た嘉納は正座しシルクハットを取った。そして西南の方角に向かい深々と頭を下げた。しばらく微動だにしなかった。「永井さん」と近くに呼んだ嘉納は微笑みかけたようだった。

「おかしいな。わたしには、波の向こうに日本が見えるのだよ。日本だけではない東京も見える。陛下のお姿も見える。何故か知らんが、生きてゆける自信が、今、やっとついてきたように思う」と嘉納は語った。天皇の平和への気持に応えてオリンピックを実現するためここまで戦ってきた嘉納は、IOC総会に進捗状態を説明したのでもう計画だおれになることはないと確信することが出来た。そして一週間後、洋上で七十九年の生涯を閉じた。横浜港に着いた遺体は五輪旗に包まれていた。

嘉納が生きていたら、そして嘉納とクーベルタンが生きていたら、東京大会は返上しなくて済んだのではないか、という声が日本にあった。日本にオリンピック精神を持ち込んだ嘉納だったら政府内部にある心配を、持ち前の楽観論で吹っ飛ばし開催に漕ぎ着けたのではないか。特にみすぼらしい大会をしたら立場上困るという関係者の保身を叱咤激励したのではないか。「それが日本の実力ならそれで良いではないか」「アジアが力を見せるのはチャンスは今を除けば何時になるか分からんぞ」――くらいのことを閣僚にも言っただろう。

決断すれば出来た

政府がオリンピック返上を決める直前の六月三日、官邸に木戸幸一厚生相を訪ねた実業家がいた。戦後東急グループを作り、その毀誉褒貶を恐れない企業買収ぶりから「強盗慶太」と呼ばれた五島慶太・東横電鉄社長だった。メーンスタジアムの建設予定地だった駒沢ゴルフ場跡地を東横が持っていた。経営していた新橋から渋谷の区間を走る地下鉄を駒沢会場まで伸ばす計画もあった。木戸日記には「官邸において五島慶太君と会談す。オリンピックの問題なり」としかない。しかし五島は嘉納が残したオリンピックがどうなるのか気がかりで担当大臣の木戸の所に来たのだった。五島は終生、嘉納を心の師と仰いだ。それも嘉納から直接聞いた「なあにくそッ」精神を指針として大実業家になった、と戦後の著書『事業を生かす人』で述懐している。

五島は嘉納の遺志に報いるため駒沢ゴルフ場を使って欲しい、その前にオリンピックの財源は民間の協力を仰げば可能だと木戸に言いに来たに違いない。五島は私鉄の官僚統制に先手を打って民間主導で関東の私鉄統合をなしとげようとしていた。大恩ある嘉納先生の最後の事業が統制経済の総本山「企画院」の主張する鉄材不足で開催が危うくなっている。それなら引っくり返せないかと木戸のところに来たのだ。

五島は学資の要らない東京高等師範学校に入学した。そのときの校長が嘉納で週一回校長自ら「修身科」を受け持っていた。そこで嘉納が説いたのは、「はじめからしまいまで『なあにくそッ』の一点張りでほかのことは説きゃしない」（五島）ほどだった。しかし社会に出て役に立ったのはこの「なあにくそッ」精神だった。「どんなことにぶつかってもこれさえ忘れなければ必ずやってゆけるという先生の言葉はウソではなかった」（同）。

しかし嘉納先生の「なにくそ」も死には敵わなかったことを五島は認めざるを得なかった。

外交そのものだった

この東京オリンピックの返上は、戦後忘れられた。一言も載っていない歴史年表も多いのである。失われた東京オリンピックの経過をつぶさに見ると、オリンピックは平和の祭典であると同時に、開催国の国際化ショックを試されるテーマであることがわかる。

「返上」という傷の少ない方法で東京オリンピックを逃げてしまった日本はますます国際社会との繋がりを失い、政権と軍は方向感覚を失い太平洋戦争という世界史的な敗戦の災厄を受けた。

本書で失われた東京オリンピックを蒸し返すのは、まず、この計画は国際連盟から脱退した後、国際社会とのパイプ維持のために広田弘毅外相の下で外交の一手段としてオリンピックを利用したのではないか。そこには昭和天皇の気持があった。そのことは嘉納が一番理解していたのではないか。また日本があの時代にオリンピック開催のチャンスを得たのは、欧州諸国が日本は国際社会とやってゆく気があるかないかを試したテストではなかったのか。日本が大国であるなどと欧米諸国は知らなかった。アジアでの軍事力以外は、関心をもたれない国だった。そして、オリンピックの成功というチャンスを掴めば、戦争の行方も変わる可能性が潜んでいた重大な国家の危機管理の問題だったのではないか。

ところが決まってみればオリンピックの意義を政府も軍も分からず、やっかいな危機管理の責任をとらされる前に政治家としての保身を図ったとしか思えない。翻弄された日本のスポーツ界は不幸だったが、オリンピックの国際社会での意味を嘉納のほかは理解していなかったのがもっと大きな不幸だった。

「孤立」の被害者意識に苛まれた日本人

しかも日本人は、孤立しているという被害者意識に凝り固まり、世界に胸襟を開くことなく事態を自分で悪くした。

むしろ欧州知識人は日本文明に期待していたのだ。ＩＯＣ会長のバイエ・ラトゥルは明治神宮のシンプルな美しさに感動を受け、近くに比較的簡単な施設を作ればよいと日本にアドバイスした。明治神宮をオリンピックに使って良いものか論争が起き、それが施設建設の遅れの原因になった。剣道家はフェンシングを正式種目、剣道がエキシビション扱いになるのを嫌った。天皇が平和の祭典の開会宣言をする声を電波に乗せる決断を政府が回避した。

当時のヨーロッパで知識人がこのオリンピックに文明論的な期待をもっていたのも事実なのだ。その例証として、ＩＯＣが有名な探検家スヴェン・ヘディンに依頼して作った聖火リレーの案を紹介する。ヘディンはあの「さまよえる湖」ロプノール湖を発見した欧州を代表するアジア文明理解者である。戦後の教養書に必ず含まれていた「さまよえる湖」の作者が聖火リレー計画に見出した東京オリンピックへの期待の大きさを想像してほしい。

＊　　＊　　＊

「聖火のコースはアレクサンダー大王が敗残のペルシャ王ダリウスを追撃し、それから千五百年後にモンゴル軍の大部隊が破壊と略奪と殺戮を繰り返して進軍した道沿いにある」。

「荒れ狂うモンスーンと熱帯雨の季節が終りに近づき、ある朝、澄んだ大気の中で、聖火走者の一人ははるか後方にヒマラヤの姿を見る。嶺は雪をいただき、きらきらと白く輝いている。山の尾根には獲物のネズミやウサギ、ハトを食べて満腹になった二羽のワシが眠そうにとまっている」。

「聖火は汚れを知らぬチベットから流れ下る雄大な河川を横切り、フランス領トンキンを経てハノイに入り、さらに国境を越えてシナに入る」。

「下関から聖火は騎乗の日本のスポーツマンにより猛スピードで日本を横断し、一九四〇年九月、ゴールに到着する。オリンピアからはるばるとリレーされ、いま『日出る国』で燃える聖火を人びとは熱狂と畏敬の念をもって凝視する。オリンピックは開始されたのだ」。

「東京への聖火リレーは国際平和のための壮大な象徴的なジェスチャーであり、ヨーロッパとアジアを結ぶ火の道である。これは無数の人びとによって好意的に眺められるだろう」(以上は橋本一夫『幻の東京オリンピック』、NHKブックス、から抜粋)。

この詩のような計画はベルリン・オリンピックで初の聖火リレーを発案し成功を収めたベルリン大会組織委員会事務総長のカール・ディームが東京大会の聖火リレーとして構想し、その過程でヘディンに求めたシナリオである。カイロのIOC総会ではアジアで初めて開くことを強調した日本に、聖火リレー、それも世界の文明の歴史を紐解くページェントを期待したのである。いわばアジアで最初のオリンピックを開く以上、それは栄誉を担う日本の義務であり、無邪気な賞賛だった。

発表されたのは、返上が決まった後、東京大会が行われる予定だった一九四〇年発行の英文資料「オリンピック・ブレティン」に「Olympia-Tokyo」で明らかにされた。「東京」の返上は欧米の関係者も何か残念だったのであろう。

第一章　嘉納治五郎は国際派だった

反骨の人

明治大正期に日本文化を海外に発展させた三人の人物がいる。生年の順に並べれば嘉納治五郎（万延元年〈一八六〇〉～昭和十三年）、岡倉天心（文久二年〈一八六二〉～大正二年）、新渡戸稲造（文久二年～昭和八年）である。

共通する特徴がある。いずれも明治維新で成功した薩長土肥の出と違い、佐幕藩の士分格の子であることだ。三人ともその分野で流派、学派に捉われず日本に流れているものを綜合し、明治時代に活かしたこと。そこに国際的視野が含まれ、ただ単に伝統を引き継いだ流派、学派の長に比べると、眼差しの差があったこと。カリスマであったが、自らの人脈以外でも幅広く教育者の面をもっていたことである。

こういう人物だから海外の人が教えを受けに来た。また海外の人が放っておかなかった。結果嘉納は柔道を、岡倉は日本画を、新渡戸は著書「武士道」に収斂する日本人の心理や宗教心を海外に紹介することになった。

この三人に共通するのは、政府に嫌われた事件を起こしていることだ。ここから本書の主人公・嘉納の話に集約するが、嘉納の本業は現在で言えば教育官僚だが、初め世間では上司にタテを突く官僚として有名になったのではないかと思われる。

明治維新の七年前、万延元年（一八六〇）に生まれた嘉納は東京で官立英語学校を卒業した後、十六歳で入った官立開成学校が十八歳で東京大学に改称され、東京大学文学部一年に編入された。

そういう時代に国家の教育を受けた。しかし十四歳の頃に柔術に出会った。滅びかけていた柔術の伝承者を訪ねて修行と研究を開始しているのである。しかも漢文を勉強するためであろうが、二松学舎の塾生になっている。

明治十四年に東京大学文学部政治学及理財学（科）を卒業し、翌年、二十三歳で学習院の講師に雇われる。この年の内に東大文学部選科を卒業し、学習院の教師に採用されている。二十四歳だった。

これが教育へ関わった初めだが、二十五歳で駒場農学校理財学教授、一方官立となった学習院の教授補となっている。正式な教育官僚になったのは、この年、明治十七年といえよう。

この年学習院長は西南の役で熊本城に籠城したことで有名な谷干城だった。谷は陸軍中将だったが条約改正では政府に反対する政治家でもあった。

嘉納は谷に買われ幹事に昇格。次の大鳥圭介が院長になり嘉納は教頭に昇格した。

ところが、大鳥の次に院長になったのは三浦梧楼だった。

谷は土佐、大鳥は大物幕臣、三浦は長州だった。三浦は奇兵隊出身。表だって顕官とはならなかったが、裏工作に長け政界に隠然たる力を持っていた。まもなく閔妃事件の首謀者になる。一方昭和になっても力衰えず護憲三派のまとめ役に登場して世間を驚かせた。

嘉納は教育方針で三浦とぶつかった。嘉納は貴族の子弟と一般の子弟を同じに鍛えることを学習院の教育にしたかった。三浦は貴族、士族、平民は別々でいい、と考えた。嘉納が有能な士族の子弟を一人留学させようとして衝突したのだ。

嘉納治五郎
（国立国会図書館ホームページから）

酸いも甘いもかみ分けた三浦は明治政権も権力である以上、貴族は必要だ。しかしどうせ大した物にならないお坊ちゃんを嘉納のように本気で鍛えても仕方ない、と考えたのだろう。

どちらが良いか別として帝政ロシアの貴族子弟教育論争のようなものが起きた。旗色は嘉納に悪いのだが、この時から嘉納のケンカ術は、自己主張はするが、辞めさせられるまで自分からは辞めない、だった。

この衝突の話は、当時の狭い世間に広まった。文部省の仲裁を受けて嘉納は欧州留学し、帰国後熊本の第五高等中学校長に就任するのである。

東京に帰って第一高等中学校の校長になったが、明治二十六年九月東京高等師範学校校長になる。三十四歳だった。

それから少しの間をおいて大正九年一月に「依願免高等師範学校長」の辞令を受けるまで東京高師の校長だったのだから東京高師といえば嘉納が大きくした学校のように見られたのは仕方がない。当時は教師の養成については各県に師範学校があり、それを全国的に統括していたのが東京高等師範校だった。各県には別に普通中学、商業中学があり、中学段階から教育は複線式だった。だから嘉納は先生の世界のトップを長く勤め、このため嘉納も「教育の事、天下これより偉なるはなく、楽しきはなし」と語る理由はあったのである。

しかし、ケンカはしているのだ。まずは文部大臣として凶刃に倒れた森有礼が残した師範教育の根本「三綱」=順良、信愛、威重が現実には良い結果を生んでいないとして、明治二十八年以後、改革した。軍隊的分団組織を普通の社会に戻した上で体育を奨励した。

その翌年には松方正義内閣で都筑馨六が文部次官に就任する話があった。嘉納は都筑を幼少から知っていた。しかし重責を担うのは不適当と本人に忠告するとともに反対運動を始めた。その矛先は蜂須賀茂韶文部大臣にまで向かい、蜂須賀も辞任する。

そしてこの問題で、非職（クビ）になってしまうのである。その中で兵庫県教育界に招かれた嘉納は激しく持論を述べた。非職官吏の文部省攻撃として世間を驚かせたが、嘉納は復職を果たすのである。

さらに嘉納は明治三十一年の大隈重信と板垣退助が組閣したわが国初の政党内閣でも、政党人が文部次官になったことなどで、反対意見を述べた。

このため二度目の非職になる。まもなく東京高師の校長に復職するが、よく衝突した人であった。

嘉納の行動は、戦前の教育制度を現場教育者の眼から完成させるための軋轢で国民の支持を得た。内閣は政治家の都合で文部大臣、次官を選びがちだったため、黙っていなかったのである。

ただこうした嘉納のことを教育界や官界では政治的な動きも出来る人と見ていた。一本気な現場主義者とは見ていなかった。例えば夏目漱石は一時、高等師範で教鞭をとることになったいきさつを「私の個人主義」で書いている。一度はっきり断った漱石を嘉納が翻意させた様子を「嘉納さんは上手の人ですから、否そう正直に断られると、私はますます貴方に来て頂きたくなったといって、私を放さなかったのです」と回想しているが、したたかな交渉者だったのに驚いたようである。

柔道の国際性

嘉納は十八歳ころ本格的に柔術の研究を始めたが、二十三歳以降は教員としての仕事のかたわら「柔道」を創始、研鑽に励んだのである。

嘉納の功績を辿って驚くのは、柔道はもとより、嘉納塾などと名づけられた私塾、さらに中国人留学生のための教育機関など個人の教育事業のごときものをいくつも成功させていることだ。

嘉納の国際性を示す仕事は、東京高等師範学校とは別のところで示された。

柔道では明治三十七年ごろから講道館四天王の一人富田常次郎を米国に派遣して柔道の国際化に着手している。嘉納が派遣したともいえないが後に石黒敬七がフランスに渡り、フランスが日本以上の柔道王国となった基礎を作った。

講道館に女子部を作ったり、レスリング部まで作ったことは戦後柔道が五輪種目となったことと大きく関係するが、嘉納は世界に通用するスポーツとするには幅広い発想を試行錯誤的に取り入れてみるべきだとの信念があった。日本のその後のスポーツ関係者では少ない特性である。

柔道は嘉納が門外不出の柔術各流派を綜合し、現代人に可能な練習法、試合ルールを定めた結果、近代スポーツとなった。そして日本社会に認知されるやいなや、嘉納は海外展開を図った。この間の嘉納の発想を省みるものがなかったが、江戸期まで続いた日本の伝統文化をあっというまに海外に広める価値と広める方法論を持っていた人物として、嘉納に近い人物・岡倉天心と新渡戸稲造のほか知らない。夏目漱石が嘉納のことをやや揶揄的に「上手の人」と評したことを先に紹介したが、欧米文化を日本に移入することに汲々とした小説家、文学者には理解が出来ない企画力といわざるをえない。

中国留学生を育てる

嘉納の国際的な視野を示した仕事としては、明治二十九年に始まる中国人留学生の育成がある。清国駐日公使が西園寺公望外相兼文相に、これまで公使館で預かっていた留学生を日本側で預かり養成してくれないかと頼んだのが切っ掛けとなった。西園寺は適当な人物としては嘉納しか浮かばなかった。

初め十数人だったのが、卒業にたどり着いたのは七人だった。しかし三十二年になると中国でも情報が広がったのか人数も増え、嘉納も私塾規模から、弘文学院（宏文学院）の名を付ける程になった。国も資金を出すようになり校舎も分散したようである。明治三十九年の宏文学院の調査では、それまでの卒業者は千九百五十九人に上った。そして在校者は千六百十五人もいたのである。

この功績を称えるために小村寿太郎外相が嘉納に清国旅行を勧めた。途中、清末の大政治家・張之洞と会い、張から感謝の気持が述べられたのは当時有名な話であった。

この時預かった中国人留学生は、革命の波の中で超有名な人物に育ったものは少なかったが、中国社会の要所を占め、嘉納の名は中国にも広まった。

特に体育思想が中国に広まったのは、これら留学生の影響があった。若き日の毛沢東が初めて書いた論文は「新青年」に投稿した「体育の研究」だった。「日本の著名な体育家・嘉納もまた、弱い体を持って生まれ、やがて強くなった。日本の武道も体育の道である。更にそれが改良され、柔道として完成した。この内容をみると身体の構造や脈絡の運行にかなった道であり、体育とはこれを基準にしている」とあるのである。

突然、IOC委員に

嘉納は柔道の国際化にも邁進したが、オリンピックには、どのような考えを持っていたのであろうか。

明治四十二年フランス大使のゼラールが小村外相を訪ねた。ゼラールはクーベルタンという男爵に頼まれた依頼を外相に話した。IOC（国際オリンピック委員会）委員という国を代表するスポーツ功労者に日本人のだれかを推薦して頂けないかという。アジア初のIOC委員になるという。その人格として「商業主義に冒されていない、高潔な人格者。そして少なくともフランス語か英語を、よく解する者」と話したのだ。

これが嘉納がアジア初ではあるが、世界では二十八番の国の三十四人目のIOC委員になったいきさつである。

嘉納は明治四十五年五月にストックホルムで開かれた第五回オリンピックに、金栗四三、三島弥彦の二人の陸上選手を送り、クーベルタンの期待に応えた。スウェーデンに二人を送ることは資金的に大変で、岩崎小弥太など財界人、西園寺公望、渋沢栄一、井上準之助ら政官界人に資金の応援をしてもらった。

もちろん嘉納本人も相当の金を費やしたのである。

嘉納はオリンピック参加の母体として私立日本体育会に注目し四十五年には、それを日本体育協会としオリンピックへの選手派遣が目的の団体としたが、日本にオリンピックを招致することは嘉納も考えていなかったのである。

当時オリンピック自体もいまのように権威ある国際スポーツ大会になっていなかった。また日本のスポーツも陸上でさえ欧米に遠く及ばなかった。

昭和五年に日本でオリンピック招致運動が始まった時も、現実性のある話とはだれも受け取らなかったのである。

第二章　あと十年でオリンピックを呼ぶ

異色の永田市長のアイデアで動き出す

永田秀次郎（一八七六〜一九四三）という内務官僚がいた。二度東京市長の椅子に座った珍しい政治家だった。永田が東京市の汚職事件で前市長が辞任に追い込まれた後、二度目の市長の椅子に座らなければ、東京でのオリンピック招致運動は起きなかった。

若いときから異色の官僚だと言われていた。一つには薩摩や長州といった大藩に縁のない淡路島という自治的な島の出身だったことだ。もう一つは最終学歴が京都の第三高等学校卒だけで東大出というエリートの看板を持っていなかったことだ。卒業すると家の事情もあって京都から淡路島に帰り教員となった。二十六歳の若さで校長になっている。内務省に入ったのはその後である。

俳句を好んだことや飄々とした人柄が権力そのものの警察畑に似合わないように見え、なんとなく人心を和ませるので人気があった。しかし警察畑の内務官僚としては六つの県で今なら県警本部長である警察部長を務め、退官後は貴族院議員になった。内務官僚としては最右翼である。警察部長だったということは選挙干渉も仕切っていたことになるが、強面を表に出さない珍しい警察官僚だった。

永田はオリンピック誘致問題と直接の関係がなくなった後も内務官僚ＯＢとしての出世を続ける。昭和十一年広田内閣の拓務相、十四年阿部内閣の鉄道相である。また帝国教育会の会長を務めた。大官僚であったといってよい。

元々東京市長というポストは政党政治の雄尾崎行雄の後、大物官僚が座った。ただ東京市長は東京市会が多数決で推薦しそれを参考にして政府が人選し任命すると言う当時の制度の中で異例のものであった。制度としては不安定だが帝都東京のトップである。簡単に言えば今の知事であった。

しかも当時の東京市会は汚職の巣だった。現役代議士が東京在住なら市会議員に立候補、当選することができたことが、東京市を利権の巣にしたといわれている。ニューヨーク市は汚職の巣で、ニューヨーク市庁がボス機構であるタマニーホールと呼ばれたことから東京市は日本のタマニーと呼ばれたのだ。だから市長になるほうはたまったものではない。呼ばれていったら汚職や事件に巻き込まれ責任を取らされるからだ。

座り心地は悪いが、自分のアイデアが活かせるポストと永田は考えていた。以前、こういうポストを好んだ政治家がいた。後藤新平である。永田は後藤の直系政治家で、後藤の死まで側近であった。

永田は東京市長だった後藤の下の三人の助役の一人だったが後藤が辞めた後を継いで一回目の東京市長になった。

二度目の市長の椅子に座った昭和五年五月三十日。永田は窓の外を見ながら、どうしたら不況で萎縮した東京を元気にすることが出来るか……と考えた。東京の人心が暗かったからである。

昭和五年という年

昭和五年は東京だけでなく日本全体が大変な年だった。前年七月に政友会の田中義一政権と交代した民政党の浜口雄幸内閣は、五年の一月公約の「金解禁」を実施した。「経済は伸びる前に一度ちぢむ」というスローガンだったが、実体経済はさんざんな状態になった。それだけではない。ロンドンで軍縮会議が開かれ、浜口内閣は日本の軍艦総トン数を対米69.75%とする軍縮条約を結ぶことに成功した。

永田秀次郎

これは日本の存在感を示すために成功だったのだ。ところが海軍の一部が大反対をし不穏な動きが起きた。しかも民衆の一部までもが政府攻撃に乗り始めたのである。

永田も悩んでいた。しかも十年後の紀元二千六百年を国家上げての慶祝行事にしたいという声が政界に浮かんできた。誤った大国意識をコントロールしないと民心はどこに行くか分からない。

永田は元の内務省警保局長である。全国の警察を掌握すると同時に選挙情勢に詳しく、民心のコントロールこそ仕事であった。

警察官僚なのに演説の名人であった。雑誌「放送文化」に元アナウンサーが永田の演説を目の当りにして驚いた様子が描かれている。

「原稿の中に予算などで三百万円とあると、そこに注意書きが付いていて、わざと三十万円と言い、そして『あッ、違いました三十万円どころの騒ぎではない、これは三百万円です』とやった」。ラジオの時代だから市民に印象づけようとしたパフォーマンスだが、こういう人柄の市長でないと不況にあえぐ東京市民に元気を与え、その一方、紀元二千六百年を祝うという二つの目的を一挙に貫徹する事業を探すことはなかっただろう。

紀元二千六百年とは一方で西暦を導入した明治政府が明治六年に日本神話のなかの神武天皇の即位の日から数え始める暦を西暦とは別に定めた。昭和になって二千六百年目に当たる昭和十五年を祝おうという意識が盛り上がってきた。

永田が東京市の市長の椅子に再び座った日はちょうど、東京の明治神宮外苑の競技場で第九回極東大会（オリンピック）が盛況裏に閉幕した日だった。その日の内に永田は、東京に本当のオリンピックの誘致を推進しようと決断した。

そのアイデアの元には、紀元二千六百年の慶祝行事をさがしていた就任前の永田に「オリンピックはどうでしょうか」と具申した東京市の秘書課員がいた。清水照男といった。

清水はこの時代には珍しくスポーツ好きで織田幹雄らと面識があった。清水はオリンピックの開催地がヨーロッパに偏り、アジアではまだ開かれていないことや、日本の運動選手も相当の実力を持ってきたことを説明した。なにより十年先の昭和十五年のオリンピックの開催地はまだ決まっていなくて、間に合う、といった。このことが顔つきから「伸びたウドン」（後藤新平がつけたあだ名）と呼ばれながら行政のスケジュールには厳しい永田を喜ばせた。

慎重な永田は東京市議会の幹部などに根回しをした。だいたい市会議員は高齢で、スポーツなどというものは不良少年がするものだ、と頭から決め付けていた。そこに世界中の国から運動選手が続々と集まってくるのがオリンピックだ――と話しても、即座に理解する議員はいなかった。

しかし世界の開催地では国が大規模な施設を作るのが普通になっていること。道路も出来るだろうし、最後は国が東京市の起債に応じて金を出すのだから市民のためになる、と話すと目を輝かす市会議員が増えてきた。

山本早大教授もオリンピックを考えていた

六月十日永田市長を、ドイツ・ダルムシュタットで開かれる第四回国際学生陸上競技選手権に遠征する日本学生陸上チームが訪問した。たまたまこの時期ドイツのベルリンと東京の間で対抗競技会を開く話が進んでいて、陸上チームは途中ベルリン市を訪問する計画で、永田のメッセージと銀盃を預かりに来たのだった。

総監督として早稲田大学の山本忠興教授がチームを率いて市長室に来た。そこで贈呈式が行われた後、永田は山本に御願いがあるのだが、と話し掛けた。「私は紀元二千六百年の記念行事として東京でオリンピックを開催したいと考えている。ヨーロッパに行ったらその可能性があるかどうか打診してください」と話したのだ。

山本は驚いたが、もちろん喜んだ。そして協力を約束して旅立った。というのは山本はこのころ民間の体育界で初めてオリンピック東京誘致を考えて欧州がわに打診していた人物だからだった。

山本は電気工学界の権威だったが、同時に早稲田大学の競争部長をしていた。織田幹雄は早大の部員だった。昭和三年には日本学生陸上競技連盟の会長（初代）に就任し、この年アムステルダムで開かれた第九回のオリンピックでは日本選手団の代表を務めた。

山本が団長として参加したアムステルダム大会（昭和三年）で日本選手は三段跳びで織田幹雄が優勝、陸上女子八〇〇メートルで人見絹枝が二位、水泳の二〇〇メートル平泳ぎで鶴田義行が金メダルを獲得した。

昭和四年秋、スウェーデンの電気工学の大家、ジークフリート・エドストロームが来日した。エドストロームは国際陸上競技連盟の会長であると同時にＩＯＣ委員だった。エドストロームの真の来日目的がスポーツか電気工学か今となっては不明だが十月十七日に東京有楽町の電気倶楽部で「国際オリムピック競技について」との講演を行った。その後の懇談で山本はおそるおそるエドストロームに聞いた。「いつか日本でオリンピックを開けるものですかね」。

エドストロームは「不可能ではないだろうが、そのためにはオリンピックを開催する都市がＩＯＣに名乗り出ることが必要だ」。

エドストロームが東京にどんな印象を持ったか記録はないが、昭和初めの日本は工業や経済の発達ではスウェーデンに劣っていたのだ。当時スウェーデンは優秀な鋼鉄を輸出する工業国だった。後に失われた東京オリンピック誘致ではベルギーのＩＯＣ委員などが登場するが、いまでは欧州の小国と思える国々が日本よりずっと経済大国だった。

それはともかく、いやそれだからこそ山本はエドストロームの「可能性はある」の一言を頼りにオリンピックを呼ぼうとスポーツ関係者に話していた。その矢先に永田に欧州での打診を依頼されたのである。

東京駅を出発した山本と選手団一行は貧乏旅行だった。派遣資金が確保できずに旅費にも事欠くありさま。目的地のドイツにたどり着くまで各地で親善試合を行い入場料収入を稼いで会場にたどり着いた。

シベリア鉄道でソ連を横断、フィンランドに着いた山本は、船でスウェーデンに入った。首都のストックホルムから鉄道で二時間のところにあるエドストロームが経営する電機メーカー、アセア社に着いた。工場見学したあと山本はエドストロームに永田市長のメッセージを伝えた。エドストロームの答えは「東京の難点は遠すぎることだ。しかし競技施設を充実し各国の理解を得れば克服できるだろう」だった。彼は日本の学生選手団の一人ひとりと握手し上機嫌だった。

永田にしてみれば、山本の伝えるエドストロームの言葉は重いものだった。

岸体協会長は反対だった

永田が密かに日本体育協会の岸清一会長と平沼亮一副会長に会ったのは昭和五年十一月二十七日だった。岸の本業は有名な弁護士だった。嘉納治五郎の後を次いで第二代の日本体育協会会長を務めていた。岸の考えは「それは無理だ」というものだった。理由はスポーツの中心地のヨーロッパから東京は遠すぎる、だった。そして永田が狙うアジアで初のオリンピックの夢について、田中内閣が昭和二年に行なった中国（山東）出兵で日本と中国は困難な時を迎えている。中国のＩＯＣ委員は蒋介石政権の外交部長の王正廷だ。中国がアジア初の東京オリンピックに賛成する可能性はすくない。日本が誘致に動き出して失敗したら大恥を書く。しかも日本では政府が纏めなくては動けない。政府がぐらついている時に体協に責任を負わせるのはひどい、と永田にいった。

岸清一は有名な国際派弁護士で仕事柄、国同士の関係を熟知していた。むしろ日本有数の国際人だったのである。

戦前は日本体育協会がそのままＮＯＣ（国内オリンピック委員会）を兼ねていた。戦後ＪＯＣ（日本オリンピック委員会）が作られ、体協から独立したのとは違っていた。オリンピックという大仕事では財政難の体協が苦労することを岸はすぐ理解した。

とにかく永田は最も協力して欲しい人物からクレームを付けられたのである。

嘉納治五郎も半信半疑だった

初めからつまずいた永田が誰よりも援軍として期待を寄せたのは柔道を国際スポーツに育てたがっていた教育界の大物、嘉納治五郎だった。永田は「ご意見を伺いたい」と連絡して、十二月四日の昼飯を指定した。嘉納は岸の前の体協会長で名誉会長といわれていた。

永田は嘉納に正面から協力をたのんだ。嘉納は岸らから永田の構想の大概を聞いていたのだろう。嘉納は「永田さんは面白いことを考える人だね」と印象を述べた。しかし最後には嘉納らしく前向きな判断を伝えた。

「私はもう現役を退いているから、お役に立てるかどうかわからない。だがもし岸さんがその気になれば私にもお手伝い程度のことは出来るかもしれない。それにしても大変なことだとは思う。

私は別に悲観論をいうわけではないが、今まで欧米を中心に行われてきたものを一挙にアジアに持ってくるということは、口でいうほど簡単ではない。ご維新以来、日本は六十有余年努力してきたし、私も微力ながら柔道の世界的普及を目指してきたが、まだまだ日暮れて道遠しの感がある。努力するのは私ではなく、君たち若い人の力である……」。

この時嘉納は、七十歳だった。永田は嘉納から「若い人たち」の言葉が出たからには嘉納はやる気だと感じた。

大風呂敷の後藤新平も考えた東京オリンピック

しかし嘉納は永田の考えのどの部分を「珍しい考え」と指摘したのであろうか。この時代、嘉納が日本にも遠い将来オリンピックを呼びたいと考えていたのは常識でもあった。嘉納が驚いたのは昭和十五年というわずか十年後に実行しようという永田の切迫した考えに驚いたのだ。

というのも東京にオリンピックを遠い将来呼ぶ準備がなされていたからである。東京のインフラについては、ものみな後藤新平の大風呂敷のなかにあった、というジョークがある。オリンピックもあったのである。

昭和三年三月三十一日の報知新聞に青山練兵場と明治神宮（代々木御料地）の隣接地数百万坪を買収したのは、将来万国博覧会やオリンピックを開催する準備だとする記事が載った。昭和三年といえば後藤は七十一歳で死の前年である。後藤が復興院総裁だったころ練兵場の隣接地を国が買った狙いを後藤が明かしたのを、大風呂敷話として面白がった記事のようだ。

この万国博を招致する計画はまず明治四十五年を目指すことでスタートし、それが「明治五十年」に延期され、立ち消えになっていた。明治の末には欧米でも万国博が中心でオリンピックは添え物だったのである。

しかし土地は残っていた。それで報知新聞が蒸し返したのだが、この話を後藤の側近で、東京市長の永田が知らぬはずがない。

永田の〈官僚脳〉のなかには、この土地を利用したいという考えがあったに違いない。しかし誘致運動が浮わつかぬように会場問題は黙っていた。

嘉納も新聞に出たような話だから知っていたが、日本にオリンピックを呼ぶ実力は無いと考えていた。そこで永田から昭和十五年に開きたいという話を聞いて「珍しい考え」と思わず発したのだろう。あるいは後藤とも親しかった嘉納が、君も後藤なみの大風呂敷になったね、と冷やかしたのが誤って伝えられた可能性もある。

いずれにしても嘉納は昭和十五年に実現するのは不可能に近いと考えていたのである。

永田の考え、新聞に出る

しかし永田の根回しのような打診の動きが、隠しおおせない時期が来た。根回しに時間を掛けると東京市長の妙な動きとして葬り去られる可能性もあった。根回しを、少なくとも東京市の政策として既成事実にしないと危険な時が来た。

オリンピックのような開発計画は利権がからむ。東京市長としては何を疑われるか分からなかったからである。

時事新報といえば、当時最も権威のある新聞だった。十二月四日の時事新報に「万国オリムピック、昭和十五年に東京で」の記事が掲載された。嘉納と会った日と重なるのは永田の焦りの現れだろう。

「来る昭和十五年は神武天皇即位あらせられてからまさに二千六百年に当たるので、同年は国を挙げて盛大な記念式典を挙行して世界に輝く皇統連綿の誇りを高らかに祝い寿ぐ筈であるが、この国家的大記念祭の盛儀に意義ある光彩を添へるため、之を機会として万国オリムピック大会を我が日本で開催する議が起り、永田東京市長は、数日前にこの件につき我がスポーツ界の元老山本忠興博士を招き具体的な事情を聴取した結果、非常に乗り気になり、場合によっては東京市長の名で招待を主唱してもよいと明言した。

万国オリムピック大会は明後年米国ロスアンゼルスで第十回の大会が開催され、その次の第十一回は多分伯林（ベルリン）で行われ、次の第十二回が即ち昭和十五年に相当するのであるが、目下之が大会の開催地は未定で、各国とも競争的に大会開催の奪ひ合ひの形である。わが協議界も既に世界レベルに達し……」。

長文の引用をしたが、ことが紀元二千六百年に関係するためか、いきさつや現状が過不足なくまとまっている。こういう記事が出来る場合は本人つまり永田のリークしか想像できない。

今も昔もパブリシティーの常識では、水面下で反対の意見が予想外に多いと判断したら、一気に表面化させて既成事実化する。永田はオリンピック実施を前向きに進めたいとの作戦に移った。

岸清一、怒りおさまらず

この新聞記事を見て怒ったのは岸清一体協会長だった。

岸がこの段階で怒った理由は日本体育協会を飛ばして東京市がオリンピック招致という大問題を既成事実化し始めたことが納得できなかったからだ。岸の危惧は当然だった。しかも「元老山本忠興博士」と永田が同意すれば、この計画が前に進むのかと怒ったのだ。

しかし岸が最も危惧したのは、東京市長の永田が現在の浜口内閣に近くオリンピック開催もそうした開明的な意識を紀元二千六百年運動に注入したいと考えていると見ていたからだ。当時永田はベストセラーを書いていた。永田は二度目に市長になるまえ欧米に旅行し、その時の見聞記『高所より観る』は内務官僚にしては新しい考え方に満ちていた。それが人気を呼びベストセラーになった。そのことを岸は常識として知っていた。しかも永田は浜口内閣の前の田中義一内閣の時、貴族院で倒閣運動に加わった。それが浜口内閣を作った政界の動きの一つだったが、それで永田は幣原外相に近い国際感覚の持ち主で対中国強硬路線の田中政友会内閣とは反対の立場だと見られていた。

岸は永田の国際感覚が嫌いだったのではない。むしろ理解者だったが、紀元二千六百年に絡めたオリンピックを浜口内閣に近い立場から発議したのでは、国内の保守派の反対は目に見えていた。

そこに日本体育協会が巻き込まれたのではたまらない。これが岸の瞬間的な反応だった。これくらいの常識がないと日本のピカイチの弁護士は務まらなかった、といってよい。

時事新報の記事が出る前、その岸の弁護士事務所を山田忠興が訪れ体協もオリンピック招致に乗り出して欲しいと勧めた。山本が帰ったあと岸は事務所の中で「そんなことはできっこない。あの男は気でも狂ったんではないか」と罵っている。取り合わなかったのである。

日本体育協会は早くも昭和六年三月号の協会機関誌「アスレチックス」で体協主事の高島文雄名で「日本に於いてオリンピックを開催しうるや」で基本的考えを示した。早くもと書いたのは、当時の団体の機関紙の印刷時間は相当長期と思われる。三月号の締め切りは一月半ばだろう。体協は時事新報に記事が出たあとすぐ十二月の内に内部の意思を固め、正月明けに原稿にしたのではないか。

その論文で高島は「(東京でのオリンピックが) 出来さえすればこれを喜ぶに何人にも後れを取らぬ私であるけれども、その可能性に就いて私は多大の不安をいだいているのである」と記した。高島はその理由として、東京が欧州から遠隔の地にあること。ＩＯＣは遠さを理由に選ばないだろう。そして外国人観光客を受け入れる宿泊施設が少なく、通訳、外国語の話せる人が少ないことも開催困難の理由にあげた。

さらに当事者になる辛さを切々と書いている。「仮に日本が指定されたる場合を想像するに、その主催者たる者の苦しみ、また絶望的心情は如何ばかりであろう。私はこの問題を考へる人は、必ず自ら国際オリンピック大会の主催者としての責任を自ら取りたる場合を先ず考へて戴きたいと思うのである」。

この文面からは「主催者たる者の苦しみ」への配慮を求められた相手は永田であり東京市だった。昭和六年初めに体協と東京市の対立が始まった。

高島も岸と同様、弁護士であった。ことが破れた場合の責任追求の恐さを知っていた。

永田は岸に電話をかけた。協力を求める永田に岸は「そんなバカなことはできません」とけんか腰だった。体育協会はヘソを曲げてしまったのである。しかし、こんなことで諦める永田ではなかった。

嘉納も賛成に回り招致運動が動き出した

永田は岸が嫌いな新聞屋の親玉である朝日新聞副社長の下村宏に岸の説得を依頼した。下村と岸は体協が設立された頃からの協力関係にあった。下村は後に体協会長になる。

永田と下村は後藤新平に師事した官僚仲間という面があった。下村は逓信相の官僚だったが台湾総督府にいた後藤新平に引き抜かれるようにして台湾に渡った。後に民政長官になった。それが下村の出世の糸口だったが後に朝日新聞に入った。永田、下村は後藤新平の門下生として気脈が通じていたのである。

永田が下村を引き込んだのは、スポーツと新聞が近い関係になったことを知っていたからだ。新聞社が競技会の主催者になることが増えてきた。新聞社は販売部数を増やすためにスポーツ好きになってきたのである。またアムステルダム大会あたりからオリンピックでの日本選手の勝ち負けを報じる新聞に国民の関心が集まり、新聞社もオリンピックを放っておけなくなったのだ。つまり下村はオリンピックに賛成であり、だから岸を説得してくれると永田は踏んだ。

下村が岸と嘉納を築地の料亭に招いたのは昭和六年一月の末である。「下村氏は岸氏の性格をよく知っているので、まず嘉納（治五郎）氏と相談した。嘉納氏は東京オリンピック計画に即座に賛成し、下村氏と二人で岸氏を説得しようということになった」。

下村の秘書でもあった元新聞記者、川本信正の証言では、永田が岸の説得に悩み下村に声をかけた段階で、すでに嘉納は東京オリンピック推進を決意していたらしい。築地での三人の会合では下村と嘉納が岸を説得する関係になった。

「下村氏が岸、嘉納両氏を築地の料亭に招いて懇談した。はたして岸氏はオリンピック招致に反対した。時期尚早だというのである。下村氏は得意の弁舌でオリンピック開催のメリットをまくし立て、嘉納氏がこれに相槌を打った。

高ぶっていた岸氏の感情も夜がふけるとともに沈静してきた。『では、やってみるか』と岸氏が腰を上げたときは十一時を過ぎていたという。後年下村氏から明かされた話である」(『証言の昭和史3・紀元は二六〇〇年』)。

ともあれ昭和六年の初めには永田市長、岸体協会長、嘉納治五郎の間では東京オリンピック招致を進めることで意思確認が出来た。永田は手堅く東京市、東京市会を固めていった。昭和六年十月二十八日に東京市会では寺部頼助、松永東ら五人の議員が「紀元二千六百年を記念し、かつ、帝都繁栄の一助とするために、第十二回オリンピック大会を東京市に招致する」ことを求める建議案を市会に提出した。東京市会はこの建議案を満場一致で可決し、東京市が中心になってオリンピック招致運動を行うことが制度的に認められたのである。

やっと永田には表立ってＩＯＣ委員である岸体協会長と協力する関係が出来た。十一月二十七日東京會舘に会長の岸と副会長の平沼らを招待して協力を要請した。岸は「実現は容易なことではないので、東京市としても十分な覚悟をもって当たってほしい」と永田に注文を付けた。

永田と東京市はオリンピック招致に向けて動き出す。東京市会で建議案が通ったということは、当時のシステムでは、そういう事態になれば、少なくとも東京府、内務省が施設建設の予算に就いて前向きに考えることを意味した。大蔵省や内閣までは了解に達したかどうかは不明だが、いずれにしても国際協調的な浜口政権の下、永田の努力でオリンピック招致運動は動き出した。

永田にオリンピック計画を吹き込んだ秘書課員の清水照男が欧米各国への宣伝を図る役目を負った。若い課員を外国に出すことに東京市会から文句が出た。しかし清水は昭和七年五月には欧州に向かう。

第三章　昭和動乱に巻き込まれた

満州事変が勃発した

昭和六年九月十八日、満州事変が勃発した。

日露戦争の勝利でロシアから得た南満州鉄道とその沿線を守るために日中間の協定で置かれていた関東軍が日本政府（若槻礼次郎内閣）と相談も無く張学良が率いる中国東北軍を総攻撃して、東北三省から追い出したのである。そして関東軍は占領した東北三省を満州国という新国家として率先して承認しろと日本政府に要求したのである。

ただの鉄道守備隊が何の国際法的力を持たない地域を占領し、それを国として認めて本国は助けるべきであるというのだから、暴挙である。

昭和動乱が始まった。

永田東京市長が起こした紀元二千六百年を記念する東京オリンピックの招致運動も日本政治の動乱に巻き込まれる。

満州事変が一段落したのは約八ヶ月後の昭和七年六月十四日衆議院が満州国承認を満場一致で可決した時である。その約一ヶ月前の五月十五日日本が満州国を承認することに反対だった犬養毅首相が海軍軍人らに白昼、首相官邸で暗殺された。海外の鉄道守備隊の関東軍が勝手に獲得した領土を満州国として承認して事実上の領土にしてしまえと日本の政治は八ヶ月争い、首相を殺して、海外領としたのである。

満州事変中にロサンゼルス大会

満州事変は今も中国で九・一八と呼ばれている。起きた日付にちなんでいる。ここで日中関係は完全に変わった。日本政府が承認し、成立した満州国は今、中国で偽満州国、偽満と呼ばれている。

しかし、なぜオリンピック招致運動は満州事変が作った磁場の中で、大きなカーブを描いたのか。満州事変のことは多くの日本人が忘れてしまった。しかし今日の日中関係の根本を規定している大事件だ。ということは日本の世界における地位は八十年前の九・一八の爆弾の呪いを受けていることになる。

満州事変のあとのオリンピックは昭和七年七月のロサンゼルス大会だった。この時、日本は「東京」

大会にエントリーをするため二百人の大派遣団《デレゲーション》を送った。

満州事変、政治を混乱させる

満州事変の勃発に政府は慌てた。政権は民政党の浜口政権から昭和六年四月十四日に同じ民政党の若槻礼次郎政権に移っていた。

嘉納らが永田の提案に従ってオリンピック招致に踏み切るかどうかに悩んでいた真最中、昭和五年十一月（十四日）に浜口首相は東京駅でテロリストの佐郷屋留雄にピストルで狙撃され重傷を負った。しかし民政党は政権を手放さなかった。

すぐに外相の幣原喜重郎を首相臨時代理とした。昭和六年一月末には反対党の政友会が、首相が登壇できないなら首相臨時代理も辞任し政権交代が起きるべきだと騒ぎ国会内で乱闘が起きた。三月九日には痛々しい姿の浜口首相は国会に登院した。しかし病状は回復せず四月には若槻礼次郎が再び民政党総裁に返り咲き、再び首相になった。八月には浜口前首相が死去した。

当時は政党政治の時代だったが、首相の決め方は衆議院の多数党や辞任した首相の反対党の党首に自動的に首相就任の大命降下があるわけではなかった。元老の西園寺公望がバランスを見て決めていたのである。

西園寺公望は国際協調派だった。国際協調的な民政党政権を維持したかったから政友会に政権を渡さず若槻を任命したと言われている。それは、反対党の政友会が田中義一政権時代に起きた山東出兵、張作霖爆殺事件で与えた対中国強硬派のイメージを嫌ったため、憲政常道の政権交代ルールを破っても政友会に政権を渡すのを嫌ったのである。

しかし、佐郷屋留雄というテロリストの放った凶弾は、政友、民政両党の間に恨みを残した。民政党は瀕死の浜口に国会登壇させた政友会を恨んだ。政友会の幹部では西園寺は政権を回さないことを恨んだ。

この状況を関東軍は満州事変で突いたのである。しかし中国との間では、昭和七年一月に上海事変という別の戦争が勃発する。他にもたくさんの衝突事件が日本陸軍の手によって起きる。六年末には若槻首相は政権を投げ出す。そして六年十二月十三日に政友会の犬養毅政権が成立する。犬養は長い政治経験を持っていたが政友会の政権奪取のための輸入総裁であった。西園寺は、政界引退寸前の犬養を党首にしなければ政権を政友会に渡さなかった。政友会の中の親軍派を疑っていたのだ。かつて孫文の革命を支援した犬養は満州国の承認に消極的だった。その意味では犬養の起用は悲劇的なミスマッチだった。

ところが犬養は人気があった。昭和七年一月二十一日に衆議院を解散する。二月二十日の第十八回総選挙の結果は政友会が三〇一議席を獲得して圧勝。民政党は一四六議席に転落した。この間右翼陣営の動きが活発になり民政党政権の蔵相だった井上準之助は選挙応援中に暗殺される。しかし上海事変の方は本格的な戦争に発展し市街戦で日中双方とも多数の死者がでていた。

中国が黙っているはずはなく国際連盟に訴える。そして満州でなにが起きたのかを調査するリットン調査団が派遣され、二月二十九日に東京に到着。七月までの日程で東京、満州に調査を進めた。

三月一日には関東軍は勝手に満州国の成立を宣言する。北京を抜け出した清朝最後の皇帝溥儀が満洲国の執政に就任した。このタイミングはリットン調査団の来日と無関係ではない。調査団への反発で満州国成立が宣言されたが、犬養は認めなかった。中国との関係を結びなおそうとしていたからだ。このため陸軍の長老・上原勇作と連絡したり中国政府（の一部）と無線連絡したことがバレて陸軍が硬化した。

斎藤実（凶弾に倒れる前々日の昭和十一年二月二十四日、東京宅にて。主婦の友社撮影）

ついに五月十五日に現役海軍軍人を含むテロリストのために犬養首相は首相官邸で暗殺される。これは明確なクーデター事件で発電所も襲撃された。この後の人選には元老西園寺も悩んだが海軍の大物の斎藤実を選んだ。斎藤首相は荒木貞夫陸軍大臣を留任させる。満州国をどうするかが最初の大問題だったが衆議院が先手を打って満州国承認決議を行う。外相は内閣成立から一月以上後れて内田康哉が就任した。内田は満鉄総裁だったが、外務省の主流派ともいえた。満州国問題は九月十五日の日満議定書締結で日本が認めた新国家として承認されるのである。

国際協調に悩む人々がいた

オリンピック招致と関係がなさそうな軍事、政治上の事件を長々書いた。話を急ぎオリンピック招致に戻さなくてはならない。しかし嘉納が本気になったオリンピック招致の活動は一〇〇％この戦争が引き起こした国際関係や、国内でのテロ、それに政変と関係するのだ。しかも斎藤内閣が満州国を承認し、さらに国際連盟から日本が脱退するにつれてオリンピック招致計画は日本の数少ない国際協調派の外交政策になってゆくのだ。

政治、軍事年表を背景にしないと嘉納らの動きはよく分からない。もう一度年表を昭和六年に巻き戻そう。

八月二十六日の浜口の死自体が国際協調に暗雲を投げかけた。緊縮財政と軍縮に命を張っていた浜口には凄みがあった。生きている間は関東軍も動けなかった。浜口が死んだことを良いことに、直後の九月十八日に満州事変が起きているのである。

九月嘉納は講道館の雑誌「作興」に浜口を悼む文章を書いている。

「浜口氏が主張せられたものの中に節約、緊縮ということがあるが、これは消極的ということではない。消極も積極も不可である。健全なる主義は、精力善用、つまり中立主義であって、私は精力善用なる小冊子の一読を浜口氏に乞うたことがあるが、そういう話に真面目に耳を傾ける人であった」。

田中内閣以来、政友会は積極主義、民政党は緊縮（財政）でぶつかっていた。民政党の金解禁政策は「伸びる前に縮む」緊縮主義を標榜して実行されたものである。軍縮も緊縮財政に見合う軍備とすることで国民の負担を少なくするものだった。一方田中義一と政友会は「積極主義」を標榜し、協調主義的な民政党の幣原外交を否定し、政権奪取後、山東出兵を実行した。こうした前提を百も承知で嘉納は民政党の「緊縮」は中立的な精力善用であると堂々と評価したのだ。

講道館の雑誌は柔道のことだけを書いているのではない。嘉納がさまざまの事象に触れていた印象を人生訓として書いているところに人気があった。「積極も不可である」に、満州事変への心配を込めていた。

ロス大会の準備に切迫感覚える嘉納

しかし満州事変、五・一五事件が起きたことで、嘉納の気持に変化が現われたのである。今はまっしぐらにロサンゼルス大会を成功させるしか、東京招致の夢につながらない。そしてオリンピックを東京に呼ぶには今頑張るしかない。そして、それにはあと一年しかないロサンゼルス大会でのＩＯＣ総会に国内の意思を固めなくてはならない。そう気持が煮詰まっていった。

当時の規定では大会直前のＩＯＣ総会で次回開催地が決まったり、開催地の立候補が行われていた。日本が紀元二千六百年（昭和十五年）にオリンピックを招くには、来夏のロサンゼルスが早くもタイムリミットだった。

嘉納は「なにくそ」と決意せざるを得なくなってきた。それは立候補に漕ぎ着けると同時に、日本は昭和十五年までの八年で準備のできる国であると各国に認めさせねばならなかった。

ロスと四年前のアムスの違い

嘉納はロサンゼルスへの意気込みと、前回昭和三年、アムステルダム大会とでは、自分の気持も世間も格段に違うことを感じた。アムステルダム大会は日本が本気でメダルを取りに動いた大会だったが、山本忠興が作っていた陸上運動の組織化に加え、田畑政治が進めていた水泳の組織化が重なって日本運動界の将来が見えた。しかし嘉納にはアムステルダムのままでは自分も体協も力不足と考えざるを得なかったのである。

アムステルダムを動かした田畑とはどんな人物だったのか。

大正十一年に全国学生水上競技連盟（水連）が作られた。その中心人物は田畑政治だった。遠州灘で水泳を始めその後一高、東大と進み大正十三年に朝日新聞社に入ったが、水連結成の中心人物だった。大正十三年には水連としてパリ・オリンピック大会への参加を果たした。さらに十五年には水連は田畑の指導力で「オリンピック第一主義」を打ち出していたのである。オリンピックでの勝利を目標として合宿を始めたのも田畑であった。

田畑政治、政府予備費から参加費出させる

田畑には昭和三年のアムステルダム大会で花を開かせる必要があった。若くして自分がこの上なく良い位置にいたからである。

田畑は政治部記者として面識のあった田中義一内閣の内閣書記官長の鳩山一郎にアムステルダム大会への水泳、陸上の両リレーの派遣費が政府から出ないかと頼んだ。鳩山は蔵相の高橋是清につないだ。高橋は「自分はオリンピックのことなど知らぬが、それはお国のため役に立つことか」と田畑に聞いた。田畑は「若者の励みになるから、おおいに（国のために）役立つことであります」と答えた。

この話は同じ内閣で高橋から蔵相を引き継いだ三土忠造に引き継がれ、政府の予備費から参加費が出た。

では、アムステルダムでの日本選手の活躍はどうだったのか。アムステルダムに日本は四十三人の選手を送った。成績は、水泳では鶴田義行が二〇〇メートル平泳ぎで金メダルを取った。一〇〇メートル自由形で高石勝男（早大）が銅メダル、八〇〇メートル・リレーも銀だった。水泳で金銀銅の三つのメダルを取ったことで田畑の狙いは実った。陸上では女子八〇〇メートルで人見絹枝が銀メダル

を獲得した。人見は日本からの唯一の女子選手だった。陸上では織田幹雄（早稲田大学一年生）が三段跳びで金メダルを獲得した。

織田の三段跳びは日本が始めてメーンポールにあげた日の丸だった。日章旗の用意がなかったので日本人観客から借りでメーンポールに掲げた。織田の回想では「それを見上げているうちに目頭が熱くなり涙が止めどなく流れてきた。勝て、勝てと追い立てられるような周囲の声が、ここまでくるまでの大きな負担であった。広田（弘毅駐オランダ）大使の発声で君が代を合唱した」。織田はもちろん、観客も岸体協会長も嘉納も涙に暮れた。嘉納には、日本のスポーツもここまで来たかの感慨を覚えた初のオリンピック体験だったという。一つの山を越えた大会だった。

後の首相広田弘毅、アムスでオリンピックと出会う

ところで嘉納、岸とともに織田幹雄の三段跳び金メダルでメインポールに日の丸が揚がるのを見て涙にくれた広田弘毅駐オランダ公使にも、ここでの経験が紀元二千六百年東京オリンピック招致に大きく関わる発端となった。

このことは知られていない。外交官がオリンピックに感銘を受けることなどない時代だったからだ。

後に外相、首相になり日本の運命に大きく関わった広田は「初めて」とか「唯一」とかの形容詞をかぶせられる異名が多い。オリンピックに関わった最初の外交官といえるだろう。

戦前の首相として最も貧しい出身だった、と首相になった頃いわれた。福岡出身の唯一の首相であった。そして極東軍事裁判で死刑になった唯一の文官の悲劇をになった。

しかし、幼少期から柔道で人格を形成した唯一の首相である。ここを強調したい。一高・東大に入り東京での生活が始まると講道館に通った。外相就任に際し嘉納は講道館の五段を贈っている。

文官であった広田が後年東京裁判で死刑判決をうけた理由は、首相として陸海軍大臣の現役武官制を復活させ軍の跳梁跋扈を許したことと超国家主義団体・玄洋社の幹部だったことだ。外国の判事の印象としては、首相の地位に達した外務官僚が裏でテロリスト集団の幹部だった事の方が有罪にしやすいと考えたのであろう。

広田の場合、玄洋社との関係は柔道が発端だった。

玄洋社は柔道場も経営していた。広田は家が近かったため、小学生から柔道に打ち込んだ。貧しい広田には勉強と柔道しかエネルギーの発散場所がなかったのである。広田は玄洋社で中国大陸の存在を知り、外交官への道を歩むのである。しかし広田が外務官僚になった頃には玄洋社の姿が違っていた。広田が変えた面もある。広田は何事によらず自分のことを世間に説明するのを嫌った。そういう姿勢が外務省の非主流派ながら外相、首相となった原因ではあるが、A級戦犯になる不幸を産んだのである。

玄洋社がテロ集団とみなされる理由は、創始者の頭山満が昭和十九年まで生きていたことであった。

頭山は文筆活動では大東亜戦争を主導した人物だったが、日清、日露戦争の頃、壮士を抱えたエネルギーはない。第一、けしかける相手の若者は戦争に取られていた。なのにジャーナリズムに出たがる頭山が悪いのだが、広田はその下で玄洋社の会長であったことも事実である。玄洋社は初期すでにアジアにビジネスで雄飛する青少年育成の団体という面があった。大正時代になると青少年の教育施設とくに東京での寄宿舎を作った。維新以前大藩が中心になっていた県では旧藩主が中心となり東京に寄宿舎を作った。福岡には中心となる藩がなかったので広田が外務省の仕事の傍ら、寄宿舎を造り、福岡県の青年を集めていたのである。

大成功のロサンゼルス大会は太平洋のデビューだった

ロサンゼルス大会は日本としても画期的なオリンピックだった。なにより国民一般の間にスポーツが盛んになってきた。さらにロスの成功を見て国際大会がこんなに盛り上がるのかと官民ともに考え始めたからである。日本と開催地の時差が少なく、日本のマスコミも盛んに報道した。

ロサンゼルス大会はそれ以前の大会に比べ、歴史的にも地政学的にも全く違った大会になった。米国が第一次大戦で経済、外交で揺るぎない地位を確立した後の本格的なスポーツ大会だった。しかし選手団を東海岸から送る場合、ロサンゼルスよりヨーロッパの方が近かった。つまり欧米エスタブリッシュメントにとっては初の太平洋のオリンピックとなった。

カリフォルニアは不思議な土地である。スペインの植民地から米国領になって以後、中心はサンフランシスコだった。ゴールドラッシュで沸いたが、ロスが変革を遂げたのはサンフランシスコが一九〇六年の大地震で経済地盤沈下したのと映画産業がハリウッドで発達したからだった。そこにパナマ運河が開通して、米国のなかでも役割を全く変えた地域であった。

米国の新開拓地の労働力は、出稼ぎであった。メキシコからのスペイン系移民や、日本、中国からのも出稼ぎが盛んになった。それは今も変わらない。

米国人にとっても出稼ぎの地であった。こんな東部人の常識に外れた都市、ロサンゼルスでオリンピックが開かれる原動力になったのは、東部からの出稼ぎだったウイリアム・ガーランドという男だった。ガーランドは人が気付かないうちにロサンゼルスの土地を買い占めて大金持ちになった。その力で一人の努力で自らＩＯＣ委員となり、ロサンゼルスでのオリンピック開催に漕ぎ着けたのである。

しかしガーランドは開催まで心配していた。海外からの出稼ぎの地・カリフォルニアは人種問題の坩堝だったからである。日本人と中国人の出稼ぎには排斥の動きがあり、一九一三年には排日土地法が作られ一九二四年には排日移民法が成立、日本人移民は禁止されていた。

日本からの大デレゲーションはガーランドには援軍と見えたのであった。

この大会は日本にとって明るい気分で迎えられる大会だった。それは太平洋に面した新興国としての希望でもあった。日本も第一次大戦で旧ドイツ領の島々を国際連盟の委任統治領として手に入れた。

日本人移民排斥の動きはあるものの米国とは太平洋の大国として共存して行けると感じていた。ヨーロッパは戦争や革命の本場。アジア大陸では満州事変や上海事変が起きていたのだから、太平洋やアメリカに期待を寄せるのは当然だった。

こんどは太平洋のオリンピックだと、このことを最も深く捉えていたのは嘉納だった。嘉納は幼少時から勝海舟に深い薫陶を受けてきた。兵庫県西宮の名家である嘉納の家には、勝海舟ら幕臣が来ていた。勝は幼児の嘉納を覚えていたが、二人は勝が没するまで往来はあった。

勝の事績の中で、嘉納に最も感銘を与えたのは、勝らが咸臨丸という小さな汽船を日本人だけで運転してハワイを通り、サンフランシスコに着いたことである。難破しそうになっても力をあわせて太平洋の荒波を乗り切ったのである。

嘉納は今度は自分が同じ航路をたどってカリフォルニアに選手団とともに行くことに興奮していた。すでに体協の会長は岸清一に譲っている。七十二歳にしては忙しい。しかし「なにくそ」を発揮しなくてはならぬと決意したのは、日本がオリンピックに手をあげる重大な会議である以上に、幕末からの日本の発展をたどってみたかったからだ。

嘉納とアメリカ

嘉納には日本の近代は、米国のペリーがきて幕府の政治が混乱したことから始まったという意識が強かった。しかし柔道を初め嘉納の国際的活動は、ヨーロッパとアジアが中心だった。世界の中心がヨーロッパにあったからである。

ところが、このころ嘉納の柔道の弟子から外交官になった杉村陽太郎に嘉納は「第一次大戦が残したものは〈民衆〉と〈アメリカ〉だ」と吹き込まれ始めていた。外交官の出世頭ながら恐いもの知らずでズバズバいう男だが、嘉納は気に入っていた。IOCはヨーロッパの貴族の団体であることは分かっていた。今度はロサンゼルスの新興金持ちが開く大会だ。IOC総会でガーランドと会ったことはあるが人懐っこいカウボーイのような男だった。なるほどガーランドは〈民衆〉ではあるな、杉村のいう〈民衆〉と〈アメリカ〉を一人で背負った男なのかもしれないと感心していた。

昭和天皇が御下賜金を下さった真意

ロサンゼルス大会は日本のスポーツ界に大きな変化をもたらした。なにより日本人のスポーツの裾野が広がった。また生活意識の中で国際化が進んだ。大正デモクラシーの産んだ市民社会が最後の花を開かせたようだった。政府にもアムステルダム大会とは全く意味が違っていた。ほぼ一年前起きた満州事変が巻き起こした日本の国際的孤立感には政府も悩んでいたのである。政治家もスポーツで明るい気持を国民に与えたいと考えた。

その結果、政府の予算が選手派遣についた。アムステルダムの際は予備費だったが、こんどは本当の予算だった。この差は行政的には大きい。

ところが派遣費用についてはもっと大きな事が起こる。天皇がロサンゼルス大会の選手派遣についてご下賜金（一万円）を体協に下さったのだ。

昭和天皇のご下賜金の意味を最も重く受け止めたのは嘉納だった。天皇の気持はスポーツで国際的な孤立から避けたいという気持だと考えざるを得なかった。

ご下賜金の理由は選手の活躍を祈ってのことではあるが背景に直前、満州国問題をめぐり犬養毅首相が白昼首相官邸でテロリストに射殺される五・一五事件が起き、中国との関係が一段と困難な情勢になっていたことがあった。代わって首相になった海軍出身の大物政治家・斎藤実は国際連盟が派遣してきたリットン調査団報告書への対応に悩んでいた。そんな気分を吹き飛ばしたいとの気持が天皇にも、斎藤にもあった。ロサンゼルスへの選手団の旅立ちも競技も、斎藤政権の時に行われた。

そんな時代に東京でオリンピックを開く意味を一番知っているのは昭和天皇なのだ。嘉納はそう考えると間違いなく来るべきロサンゼルスで立候補せねばならぬ。そして日本人は成績でもマナーでもオリンピックを開けるだけ成長したところを世界中のＩＯＣ委員に見せねばならぬ。それが柔道を始めた頃からの宿題のように思えた。

嘉納は絶対に失敗できないと決意を固めざるをえなかった。

満州国が独自参加の意向

ところがロサンゼルス大会での東京立候補は、スポーツ界でも初めから満州国の問題で揺れた。昭和六年に起きた満州事変の結果生まれた満州国は、国際的にはともかく、〈日本的〉には犬養内閣の昭和七年三月に「満州国建国宣言」が行われ、日本国との間では国家としての活動らしきものを開始していた。早くもスポーツの国際大会に大きな問題をかもし出した。

のちに満州国の参加問題が肥大化して東京大会誘致運動に大きな影響を与える。これは本書のテーマであるが、とにかく萌芽はロサンゼルス大会で現われた。

大連、奉天、長春など満州諸都市に住む日本人にはスポーツが盛んであった。かれらは日本国籍だから日本人として国際大会に参加することはできた。しかし満州国が出来ると満州国民として独自にロサンゼルス大会に参加できないかという声が、日本体育協会に届いた。体協も「最近できた満州国も正式参加できないか」との問い合わせをガーランドにした。ガーランドは「満州国に国内オリンピック委員会があるとは聞いていない。ＩＯＣもそれを承認していないのだから満州国として参加することは出来ない」と電報で返答をした。

日本からは「了解した。日本選手団は七月十日にもロサンゼルスに到着するであろう」との返電があった。

満州国には国内オリンピック委員会がないから、満州国としての参加はできないという門前払いの論理だが、ロサンゼルス大会では満州国の動きは収まった。

中国も反応した

しかし満州国については被害者の立場にあった中国の方がロサンゼルス大会に反応した。中国はこのロサンゼルス大会で初めて国際オリンピックに参加したのである。

しかし中国にはかねてからＩＯＣ委員、王正廷がいた。上海を中心にスポーツは日本より盛んであった。ところが中国はオリンピックに正式に参加したことはなかったのである。中国には日本が二百人規模のデレゲーションを送ることは事前に通告していた。中国は初参加だから派遣は少数であると通告してきた。規模は開会式まで分からなかった。

ロサンゼルス大会は世界恐慌に直撃された大会でもあった。各国はそれぞれの国情に悩まされていた。主催国の米国でさえ不況の中で大統領の経済事情に七月三十日の開会式ではハーディング大統領の代わりに副大統領のカーチスが開会を宣言した。この大会については前年前大統領のフーバーも開会の宣言役をしないと決断していた。カリフォルニアという裕福な地方のスポーツ大会で喜んでいては選挙戦に響くのを心配したのだろう。失業者が、財界人でもあるガーランドを取り囲み「こんな不景気にオリンピックなんかやめてしまえ」と叫んだ。

中国と並んでアジアで最もスポーツが盛んなフィリピンは八人の選手しか送らなかった。しかしボクシング・バンタム級などで三つの銅メダルを獲得した。その三本の旗は星条旗の下にフィリピン国旗がはためいていた。完全に米国から独立していなかったからである。

中国選手は大連出身の一人だけだった

開会式で姿を現した中国は劉長春という陸上選手一人と二人の大会役員だった。劉は満州に住む選手だった。この選手を中国のIOC委員王正廷が送ってきた理由は嘉納、岸など日本選手団の幹部しか気がつかなかった。あきらかに日本が満州国を承認したことへの抵抗だった。中国はIOC委員に王正廷を出しておきながら参加というカードを満州国問題が起きるまでは切らなかった。しかも選手派遣費は満州から追い出された張学良が出していた。

たった一人の選手派遣を見て嘉納は事実上の外務大臣である王が今後東京招致にどんな反応を示すのか、恐怖を感じたのである。

嘉納が中心になって一九四〇年（昭和十五年）に東京でオリンピックを招致する立候補宣言は、七月二十九日の総会二日目に前もって行い、八月三日に高級ホテルのアンバサダーホテルでのIOC委員の招待パーティーでお披露目することになっていた。

北京大会後、瀋陽で開かれた劉長春の記念展

ＩＯＣ委員のパーティーまでにロサンゼルス大会では日本選手の活躍が話題になった。アジア初の大会を招致する以上、日本がスポーツの後進国から離脱しつつあることを見せ付けることが必要だった。南部忠平が三段跳びで金メダルに輝いた。走り幅跳びやマラソンでも健闘した。

しかし驚かせたのは北村久寿雄という高知商業の三年生が水泳の一五〇〇メートルで二位以下を三秒も引き離して優勝したことだった。

立候補には幸先の良い結果が競技でも出ていた。二〇〇人近いデレゲーションに比べればメダルは少なかったが日本のやる気はＩＯＣ委員たちに伝わっていた。

パーティーは日本側が招く立場であり、主賓格は大会途中だが評価が高まっていたガーランド、スウェーデンのエルドストロームらの大物たちだった。嘉納や岸はロサンゼルス到着から、これはと思える人物とは機会あるごとに立候補の意向を伝えていた。嘉納が生まれたのは日本が最初に米国に汽船を出航させた年だったことをガーランドは聞いて驚いた。岸は山本忠興を「ゼネラルエレクトリックで二年間働いていたことがある。現在は早稲田大学の教授だが若い頃からのピューリタンで日本ＹＭＣＡの会長です」と紹介した。

それまでカリフォルニアでの日本人の評判はトラブルを起こしがちな移民労働者の印象しかなかった。それを打ち消すのに必死だった。ガーランドという西部の実業家の眼が太平洋に向いていたことが嘉納や岸を楽観的にさせた。

嘉納たちが最も心配していたのは現地に住む日本人が観客席で騒いで排日気分を煽らないか、という懸念だった。懸念は現実にあった。しかし火は付かなかった。

日本選手はスポーツマンシップを示した。最終日に歴史に残るイベントが用意されていた。馬術の大障害飛越には十二人が参加した。優勝者はすでに「バロン・ニシ」と呼ばれ米国人にも人気者になっていた西中尉だった。西は本物の男爵であった。特別仕立ての軍服にエルメスのブーツに身を固め、競技前にハリウッドのスターたちとも得意の英語で交流した。

カリフォルニアでは馬に乗るのは普通のことだっただけに、馬術は人気のスポーツだったのである。その人気のスポーツで日本人が優勝したのである。

直後の閉会式でガーランドはなにを思ったか挨拶で「アロハ」というハワイの言葉を使った。「ここではグッバイのかわりにアロハと言わせてください。愛をこめた出会いと、別れを意味することであります。この太平洋の沿岸で、第十回オリンピアードが大成功のうちに無事終了したことに対して、私はアロハという言葉で皆様を送りたいと思います」。

岸会長のご進講

ロサンゼルス大会は日本にとって幸運に過ぎたかも知れない。嘉納は長い経歴の中でうまく行った時こそ、苦境の入り口であると知っていた。若い平沼や山本が喜んでいるのが気になった。

その岸は帰国後の九月二十九日、天皇にご進講した。この二カ月ばかりの間に日本では内田外相が議会で有名な「焦土発言」を行い外国には満州国を失わないためには日本本土での戦争も辞さないという意気込みを示していた。

岸が天皇にまず強調したのは米国人の対日感情だった。

「日本のデレゲーションが米国人に良好な印象を与えた二、三の例をあげれば棒高飛で二等になった西田の美技に対する観客の拍手喝采は五分にも及びました。五千メートル競走において竹中は大いに遅れたにもかかわらず同選手を追い抜こうとした米国選手にコースを譲った態度に、優勝したフィンランドの選手に対するよりも数十倍する拍手がありました。馬術の城戸はクロスカントリーで途中棄権したのでありますが米国人はこれを誤解し、城戸は馬の疲れたのを哀れみ、自己の名誉を犠牲にした武士道精神に基づく美挙なりと書かれ、かえって城戸が驚いたという事実もあります。

かくの如くして米国の排日気分は全く除去せられた感がありました。八月の初め、米国国務卿スティムソンの失言（日本は侵略国である）に日本外務省が非常に憤慨して抗議している旨の記事が大会中、米国新聞にも報道されましたが、有名なる批評家ウイル・ロジャースはロサンゼルスタイムス紙上にて〈そんなことよりも、米国国民は今日本に対して、もっと大きな心配をもっている。それは強力な日本チームにアメリカが敗けたことである。日本選手は、もっと米国チームに対して思いやりを持ってもいいのではないか云々〉といったほどでありました。以て米国民が今回のオリンピックに於いて如何に良き対日感情を抱き、満州問題を軽視せんとしているのかが判ると存じます」

東京大会の可能性は「非常に少ない」と岸語る

そして岸は日本が目指している第十二回のオリンピックについてはほぼ悲観的な報告をした。

「第十二回オリンピックに関しては既に九の都市が立候補しております。中でもローマが最大の有力者であります。ムッソリーニは今回の大会中にもロサンゼルスに滞在中のIOC委員、バイエ・ラトゥルに対して毎日一回は電信を送り、密接な関係をとっていました。今回初めて候補にたった東京市ですが、このローマを追越して競争に勝つことは極めて難事であります。

或人は米国に於いてオリンピックが行われた以上、次回は遠隔の地といえども東京をとの声もありますが、米国の場合は大戦に連合国として参加した論功行賞の意味が含まれており、これを東京に充てはめることは無理であります。唯一つ、ここで注意を要します一事は、ドイツ政情の変化であります。もしヒットラーのナチス一派が政権を握るに至らば、彼の一派はかねてより国際オリンピック無用論に固執しておりますから、この場合において次回開催地がローマに繰り上がり、日本に於いて努力を惜しまなければ、第十二回は東京に転げ込む可能性は無しと思いません。しかし、その可能性は非常に少ないというべきでありましょう」。

ご進講の中身がこれほどはっきりと世間に出たのは珍しいことだった。ことは政治や外交ではなく運動のことだから気楽になった面は否めない。しかし、この時代、天皇に成否を約束するほど責任が伴うことはなかった。

岸のご進講ではロサンゼルス大会に参加したことで日本の対外孤立はやや薄まった。しかし、東京が第十二回大会の招致に成功する可能性は「非常に少ない」と東京大会実現への期待の一人歩きには釘をさした。

第四章　連盟脱退が火をつけた

嘉納は斎藤首相に「国運を賭けて」と頼まれた

五・一五事件で犬養毅首相が惨殺されたあと後継首相には海軍出身で英米協調派の斎藤実が選ばれた。昭和七年五月のことである。この頃、嘉納は七月開会のロサンゼルス大会に改めて力を入れ出していたのである。昭和十五年の東京オリンピックに間に合うには、立候補のタイムリミットだったからである。

嘉納にとっても昭和七年の政治状況は、嫌な感じはしていたものの、オリンピックの準備と立候補の体制作りに専念できた。

ところが一年経って八年になるとオリンピック招致が国際関係にも国内の政治にも巻き込まれかねない状況が生まれていた。

なにより四月二十四日には、松岡洋右日本代表がリットン調査団報告書の取り扱いを巡りジュネーブの連盟総会を退場、そのまま日本は三月二十七日には国際連盟を脱退してしまったのである。斎藤首相は内田康哉外相とその背後の陸軍に押し切られた形だったが、マスコミも脱退賛成の大キャンペーンを張っていたのである。

嘉納はウィーンでのＩＯＣ総会に行く前に斎藤首相に会わなくてはならないと考えた。

首相のアポイントが取れたのはたまたま、八年五月十五日であった。五・一五事件のちょうど1年目だった。五・一五事件の犯人たちはマスコミで同情から賞賛される立場に変わっていた。そこには不況にあえぐ庶民の切ない気持ちもあった。満州国は日本経済に明るさをもたらすと感じられたからだ。

そこに一年後の五月十五日からは、五・一五の犯人たちが裁かれている軍法会議の内容が報道可能になる日だった。再び政府の弱腰攻撃のトーンが上がる可能性があった。

斎藤に会って嘉納はヒットラーがオリンピックに熱心になり昭和十一年はベルリンで決まったこと、昭和十五年にはまだ多くの候補地があるがイタリアのローマとの戦いが山場になること、を報告した。大国の利害関係を説明した上で、政府の支援を確実にしておきたかったのだ。

首相は予想と違って昭和十五年の東京大会招致を気にかけていた。

嘉納には斎藤が海軍のなかでも国際協調派でロンドン軍縮会議に積極的だったことを思い出し、首相はオリンピックを重視していると感じた。

ところが斎藤は最後に嘉納の手を握り「国運を賭してもやる。このような時期だから是非やりたい」と協力を求めたのだ。嘉納は「このような時期」に斎藤の思いを確認した。天皇の気持を首相として確認しておられるのかと聞きたかったが、もう天皇の名を出すのは憚られた。

この席で嘉納はジュネーブの国際連盟に転出している杉村陽太郎を、亡くなった岸の後任のＩＯＣ委員に入れたいと了解を求めた。杉村は柔道の世界では名が知れていたがまだ若く、ＩＯＣ委員ほどの力はなかった。嘉納は杉村は自分の弟子であるが、いまなら自分の推薦でＩＯＣの委員たちを説得できる。これは日本が三票を持つことができるから急ぎたいと説明した。斎藤は外務省も反対しないだろうから嘉納の言うとおりにしたいと語っただけだった。

＊＊＊

斎藤政権は五・一五事件で生まれた不可解な政権だった。暗殺された犬養毅を支えていたはずの政友会も、官房長官だった森恪は対中強硬派として知られ、古い親中派の犬養の暗殺に自ら関与したとすぐに噂になったほどである。このことはすぐに首相官邸に駆けつけた評論家の木舎幾三郎が、事件直後の官邸内での森の不可解な笑いを見たと記録している。

森の狙いは検事出身の鈴木喜三郎を後継首班にすることだとの噂が流れ、たしかに森は工作を始めた。森は官房長官ながら軍事予算の執行を犬養に無断で決済するほど陸軍に迎合していた。

政友会は犬養人気の中で打って出たこの年二月二十日の総選挙で圧勝し衆議院の議席は空前の三百一議席を占めていた。そこに犬養は失政により交代したのではなく暗殺されたのだから、当然再び政友会に政権は来るものとの論理が党内に蔓延していた。それは民政党内閣の浜口雄幸が狙撃され辞任したあと、同じ民政党の若槻礼次郎が再度首相になった一年前の前例があった。

政友会の中には再び政友会総裁が首相に就任するのが憲政の常道と安心していた。総裁になった鈴木喜三郎はすっかり、その気になっていた。

ところが嘉納がロサンゼルス大会での東京立候補の準備に大忙しだった頃、大命は斎藤実に降下した。この内閣は満州国の承認とリットン調査団が間もなく国際連盟に提出する報告書への対応が宿題のようになっていた政権だった。

この宿題は解き方によっては日本国内を二分し再度五・一五事件が起きても不思議はない問題だったのである。国内では五・一五事件の被告たちの裁判での発言が報道され、国民の同情さえ集めていた。中国との新しい関係、つまり満州国の成立に待ったをかけようとした犬養の暗殺は当然という険悪なムードが立ち込めていたのである。当時首相を決める元老だった西園寺公望には、この宿題を解くために、誰もが予想しない人選をした。

隠しダマは海軍の長老だが英米協調派、しかも朝鮮総督としては開明的政策で実績を残した斎藤実だった。

しかし西園寺の意図は政界ではすぐに分かった。斎藤を五・一五事件を起こしたテロリストを出した海軍への抑えとして利用してリットン調査団問題をやりすごそう、というものだった。

戦前の政党内閣は犬養内閣で終った。しかし、それは歴史の結果そうなったのであって、だれも斎藤の次に政党内閣に戻らないなどとは考えていなかった。斎藤内閣は久しぶりの官僚内閣だったが、政友会から四人、民政党から三人が入閣した。複雑な構成の政権で斎藤がバランスをとり、国際協調派の本性を隠す老獪さを持っていた。

別に政党政治家が二度と首相にならないというルールが出来たわけではない。政党は右往左往し、満州国の承認問題を政局の具とし斎藤政権の崩壊を狙った。必要以上に国際派と満州派の対立状況を作ったのである。

東京大会の誘致を請け負う形になった嘉納は心配になった。天皇はロサンゼルス大会へのご下賜金を出したときから、オリンピックにより大きな期待をかけてきている。

状況は政治と無関係な立場にいる嘉納にも分かった。この年斎藤は嘉納より二歳年上の七十六歳だった。斎藤は軍人出身の朝鮮総督でありながら文化政策を打ち出して朝鮮に安定をもたらした。戦争より文化、スポーツの方が人心を安定させると考えられる近代的な軍人政治家だった。

大物官僚OBの永田が、二千六百年に東京大会を開催する意味を斎藤に説明していないはずはなかった。

問題は、外相になった内田だった。昭和七年八月二十五日に議会で、満州国を守れなければ日本本土を焦土としても戦うと練達の外交官にあるまじき発言をして列強の警戒心を呼んだ。内田はリットン調査団の問題で疲労困憊していた。それを国会で挑発したのは森恪である。外相は森の質問以上に過激な発言をした。「焦土にしても」つまり本土が戦場となっても戦うとかっこいいことをいってしまったのだ。森の方が驚いたという。

嘉納は天皇の意思に背いた不吉な言葉だと嫌悪感を覚えた。権力亡者の政党員が政府の失点を稼ごうと過激な言葉を使っているうちに、外相も追い詰められて戦争辞さずなど言葉にして言質を取られた。何時、何のための戦争といわずに一閣僚が戦争の可能性を口にするなどそれこそ統帥権に違犯し辞任ものだったが、満州国の承認に凝り固まった人びとには歓迎されたのである。

しかもマスコミでも人気があったのである。

パンドラの箱・リットン報告書届く

火に油が注がれるが如くに十月一日には問題のリットン調査団報告書が日本に届く予定だった。

この日から日本は集団ヒステリーのようになり、翌昭和八年二月二十四日の松岡洋右の連盟総会退場を経て三月二十七日の国際連盟正式脱退通告まで、異常な国際孤立に突き進むのである。

リットン調査団は満州国に怒った中国が国際連盟に提訴したことから起きた。しかし報告書の作成は国際連盟が調査するなら受け入れると日本政府が表明したことで始まったのである。ところが調査団が中国に着くや、日本軍はさまざまな嫌がらせをした。暗殺計画による妨害さえあったのである。日本国内では調査団の資料をスリに盗ませようとさえした。リットンらの落とし所は最初から決まっていたのだが、日本側のいやらしい態度に、感情的な表現になった部分があった。

しかし、どう書かれているかが政府、国民とも最大の関心事になった。

報告書は日本国内で秘密文書とはされなかった。発表は十月二日とされていた。ところが一日前の一日午後突然東京日日新聞の号外を報せる鈴が鳴り響いた。

「リットン報告の重要点。列国保障の下に満州国を自治体とす。日支は新条約を締結し、ボイコットは禁止すべし」とでかでかと見出しが並んでいた。これは内容に於いても歴史的なスクープとされている。予想外に表現は素直で、国際連盟は日本と中国が新条約を結ぶなら日本の影響力の強い地域と認める。つまり満州国はあと少しの外交努力を払えば承認されるとしたのである。

ところが面白くなかったのは陸軍だった。満州国の成立については関東軍による組織的な陰謀だったと明確に指摘していたからだ。次に掲げるのは東京日日の号外を追いかけた三日の大阪朝日新聞の号外である。

「九月十八日より新国家建設にいたるまでの間、日本軍部がとり来りたる各種行政上の措置は単に一時の軍事占領以外の目的を抱けることを示せり。（略）独立運動はかくして日本軍隊の存在によってはじめて可能となれることは疑うの余地なし。その独立運動は本国における新政治運動と密接な連絡ある若干の日本軍人、文官の手によって事変後の満州国問題解決方法として組織、遂行せられたるものなり」。「満州における現政権は純一にして自発的なる独立運動の結果と見るを得ず」。

特ダネ、号外でセンセーショナルに中身が順次明らかになるにつれて衝撃が盛り上がっていった。政府が正式発表で先手を打ち、報告書の中には日本にとって有利な部分と不利な部分の両方があると指摘して国民に知らせれば、大騒動になることはなかったかもしれない。

斎藤政権の「日本の正義的立場を曲解し満州国の建国過程に対して日本の策謀あるが如き不用意な言辞を弄し」ていると不満発言がリークされた。追い込まれた政権が文句をいわなくては国内的に立場がなくなったのである。

そして十一月十八日に政府は意見書を国際連盟事務総長にあて提出した。

内容は満州国を承認し、その育成を図ることこそ紛争を解決し極東、世界の平和を将来すべき最善の策であると述べた。政府の統一見解だけあってマイルドになっている。陸軍と外務省の妥協が図られたと思われる。

しかし政府の見解が出たあと、マスコミはいっせいにリットン報告書批判のトーンを上げるのである。政府の意見書が手ぬるいというのである。政府の意見書提出の翌日の新聞には「錯覚、曲弁、認識不足――発表された調査報告書」(朝日)、「夢を説く報告書」(毎日)、「よしのズイから天井覗き」(読売)、「非礼なる調査報告書」(報知) などリットン報告書非難の見出しが並んだ。

さらに十二月の末には日本のマスコミ全体を代表するかのように「全国百三十二社連合」が「宣明文」を発表した。

まず日本の立場をいつの間にか「東洋平和の自己の崇高な使命と信じ、且つそこに最大の利害を有する日本」としたうえで、国際連盟の意図を「たとえ如何なる事情、如何なる背景に於いて提起さるるを問わず、満州国の存在を危うくするが如き解決案は断じて受理すべきものに非ざることを日本言論機関の名に於いてここに明確に声明するものである」。

大手新聞もこの新聞業界団体の統一見解のごとき宣明文を事実報道する形で掲載した。この段階で政府の統一見解に納得できない軍の考えを新聞が代弁したとしか言いようのない結果になった。

国際連盟は日本を追い詰める気はなかった

ところが国際連盟にとってリットン報告書の採択と日本が国際連盟を脱退することは何も関係がないことであった。国際連盟は米国とソ連は加盟していなかったが、英国とフランスという伝統的な帝国主義国が中心の組織、つまりアジア、アフリカ、中近東で傀儡政権を武力で作ってきた英仏の組織だった。満州国に目くじらを立てていたら国際連盟の組織が持たなかった。

連盟はそのようなことを前提にしてリットン報告書の採択で途上国のガス抜きをして日本を国際連盟の有力国として引きとめようとしたのである。米ソの入らぬ国際連盟にとって日本は重要な国だったのである。実際、日本が常任理事国の地位を捨てることは想定されていなかった。

日本では恥をさらして国際連盟に留まるよりも脱退すべきだとの議論が沸騰した。マスコミが国民の感情に訴えたことも事実だが、脱退と脱退しない場合の利害得失を解説した人もいなかった。外務省の役割だったが内田外相は頭に血が上った。あるいは、そうすることが外務省の存続に繋がると考えたのかもしれない。

右翼の北一輝が、日本が脱退すると構成国の不足になやむ国際連盟はソ連の加盟を促すだろう。満州国は隣接するソ連の脅威を防げなくなる。だから脱退は不利だ、との冷静な見解を出していた。しかし珍しい見解と片付けられた。

内田外相ははやばやと脱退を目指していた。第一次大戦で得た太平洋の島々の〈国連委任統治領〉は脱退によりどうなるのか、国民に説明しないまま、「焦土外交」に走ってしまうのである。

松岡代表も脱退したくなかった

政府は、外務官僚から政友会の代議士になっていた松岡洋右を、来るべき報告書の採択に向けてジュネーブの国際連盟に日本代表として送ることにした。しかも松岡は本心では連盟脱退に反対だったのだ。

松岡は戦後伝えられるような単純な男ではなかった。国際連盟脱退はどうせ政友会の森恪と陸軍省新聞班長の鈴木貞一という田中義一政権で「東方会議」を策した連中が始めたプロパガンダと見ていた。その森は前年内田外相から焦土発言を引き出した後、十二月に急死した。森は内田から失言を引き出して斎藤政権を倒壊させ政友会・鈴木政権を実現しようとしていたと政治通の松岡は見ていた。

実は松岡と森は山本条太郎という三井物産の重役から政友会幹部になった政治家に育てられた兄弟弟子のようなものだった。ただ田中義一政権の下で外務政務次官として満州武力侵攻を目指した森と、満鉄総裁の山本・副総裁の松岡とは分裂した。山本と松岡は張作霖を傀儡政権としてより強くし、日本の満州の経済支配を優先、強化させるべきだと考えていたのである。張作霖爆殺は山本・松岡の敗北だった。

森は大出世をしたが没した。しかし陸軍の政治係と言われた鈴木貞一に率いられた陸軍は満州の武力支配を貫徹しようとしていた。山本、松岡には鈴木らの手の内は見えていた。松岡も政友会の議員になっていたが、出発の時は国際連盟からの脱退を避けるために代表としてジューネーブに乗り込んだ。山本は「代表に留まれ」と連日のように電報を打っていた。

背景では、そのころ斎藤首相と親しかった山本条太郎は斎藤政権下で政友会と民政党が手を握り政党内閣復活の道を思い描いていた。松岡が無理をして日本代表になったのには、国際連盟からの脱退問題がこじれ斎藤政権が倒壊したのでは逆に政党内閣の復活が閉ざされるとの判断があった。

松岡には個人的にも打算と戦略があった。事なかれ主義の外務官僚が連盟脱退の責任を取りたくないのを十分承知で、代表を引き受けた。もちろん成功したら外交のリーダーシップを取りたいからであった。

松岡は直前に似たような行動を取ったことがあった。満州事変が飛び火して昭和七年一月二十八日の日中両軍が上海郊外で戦火を交えた。前年九月に上海で燃え盛った日貨排斥、排日事件が戦争に発展した。一月に起きた日本人僧侶襲撃事件（一人死亡）が上海への派兵と開戦の発端になった。しかし戦後、この日本人僧侶襲撃事件は、田中隆吉上海公使館付陸軍補佐官が仕組んだ謀略で川島芳子が実行に関わったことを白状した。田中は板垣征四郎参謀に「満州建国で列強の眼がうるさい、上海で事件を起こせ」と命じられたのである。戦闘は中国の十九路軍にたじたじだったが、停戦のために天皇から送られた白川義則大将が敵の背後を突き優勢に転じ、白川は停戦交渉に漕ぎつけた。

この時松岡は自ら進んで停戦特使となって重光葵公使とともに停戦に導いた。松岡は代議士だったが自ら芳沢外相に売り込んだ。「オレが行っていろいろ奔走してやるから君の代表にしてくれ。（略）それなら君に一つご苦労をかける、というて上海に（犬養首相・芳沢外相の）特使として派遣しました」（昭和三十七年の松岡十七回忌での芳沢の回顧談）といういきさつだった。松岡は米海軍が上海港に艦船を集結させていたことから日米が戦闘に入ることを警戒していた。その時得意な英語で交渉するつもりだったらしい。

犬養内閣は政友会の内閣で、芳沢外相は犬養の女婿だった。そこで外交官出身で中国通の政友会代議士の松岡が自分を売り込み、外務大臣がそれに乗り特使にするのは理解できる。

裏切られた松岡

リットン報告書の採択で日本が国際連盟を脱退するかどうか、また松岡が政府特使として派遣された真の理由は不明である。内田外相は報告書が国内の脱退ムードに煽られて早々と脱退に賛成。これに対して松岡は連盟内の工作で報告書の採択をやめさせて脱退をまぬかれる腹だったようである。

そうした作戦がなければ外交の中心の国際連盟に代議士が出てゆくのは不自然である。

その松岡を政府特使に最終的に決めたのは元老の西園寺だった。原田日記では十月十二日に松岡が西園寺を訪ねたが西園寺は風邪で会えなかった。しかし松岡は直後に西園寺に伝言した。西園寺は松岡の伝言を「『この前、御殿場でお目にかかった時に申し上げたとおり、必ずまとめて帰るようにしたいと思います。荒木陸軍大臣に会ったところ肝はよほど強いように見受けました』というようなことを言うたそうだ」と原田に話している。

松岡は別の時に西園寺に会い「かならずまとめてきます」と決心を述べた。これに対し西園寺は「どんなことがあっても政府が連盟から脱退するようなことはさせない」と確約した。

交渉が始まると内田外相以下の外務省は二月一日、交渉中の松岡にはやばやと連盟脱退を訓電し、何もしようとしなかった。これに対して松岡は西園寺も動かず、自分に苦しい仕事を背負わせるだけだと西園寺に不信感を持ち始めた。

いずれにせよ日本の外交は機能していなかったのである。

二月二十四日の総会でリットン報告書が採択され、日本は四十二対一（タイが棄権）の大差で敗北した。松岡は退席したがそこで脱退が決まったのではない。その後も松岡ら代表団は新案を打ち出し脱退を避けようと工作していた。三月二十六日松岡、佐藤尚武、澤田節蔵事務局長の三人が連名で「事ココニ至リタル以上何等遅疑スル処ナク断然脱退の処置ヲ執ルニ非ズンバ徒ニ外間ノ嘲笑ヲ招クベキト確信ス」の〈三行半電〉を打った。政府は待っていたとばかりに脱退を訓電する。

内田外相が考えていた通りになった。

しかし東京で連盟脱退を斎藤首相を含む政府に急がせたのは脱退を求める〈国民運動〉が起き、その空気が脱退以外の選択を与えなかったからである。七日に日比谷公会堂に三千人を集め「満州問題挙国一致各派連合会」が開かれ、有名なアジア主義者内田良平が開会の挨拶をし、「帝国は即、連盟を脱退すべし」を可決し全権団に打電した。その様子はＮＨＫで全国放送された。

天皇は内田外相への不満が大きく、内大臣の湯浅倉平らに次のように語ったのが戦後明らかになっている。

湯浅談話「先日陛下が『松岡は連盟脱退には最初から反対であった。あの時は当時の外務大臣の内田の考えが非常に浅かったのだ、と内田の悪口を自分に言っておったのを記憶する』と仰せられた」。みな松岡にだけ責任をおっかぶせようとしていた。親分の山本条太郎から松岡への電報は全責任を自分で負うと生きて返れないから細心の注意をしろという〈親心〉からだった。

松岡は山口県の造り酒屋の出身だったが十一歳の時に実家が破産。十三歳で移民に近い形で渡米、九年間の苦労の果てオレゴン大学を卒業した。帰国後、その英語力も評価され外交官試験に首席で受かり外務省に入り、すぐに上海に赴任した。そこで三井物産上海支店長だった山本条太郎と親しくなり、山本が田中政権で満鉄総裁になったとき外務省を辞め満鉄副総裁に引き上げられ、以後政治家となった。

連盟脱退後の記念撮影。左から、杉村陽太郎、長岡春一（駐仏大使）、松岡洋右（全権大使）、佐藤尚武（駐白大使）

昭和天皇が平和努力の詔書を出す

運命の日となった昭和八年二月二十四日。それまで松岡は中国の外交官、顧維鈞と論争を続けた。双方英語で譲らず会場を沸かせたが、他の加盟国は面白がって聞いていただけだったのである。各国代表はこれでガス抜きすれば両国とも収まるとみて、松岡の英語による演技に感心していた。

こうした雰囲気のなかで行われた採決でリットン報告書は四十二対一（タイが棄権）で採択され、松岡は退席した。脱退に追い詰められたと悟り、部屋に帰って落ち込んだ。そして政界引退を覚悟し、一時姿を隠す目的で米国を回って四月末に日本に帰ることにする。

ところが松岡の脱退劇は日本の新聞に大歓迎された。本人が知らないうちに松岡は一夜で英雄となっていた。

天皇の困惑は大きかった。内田への怒りも大きかった。しかし天皇は国際連盟脱退を認めざるを得なかったのである。

しかし天皇はそのまま引き下がらなかったのである。同時に天皇は脱退を認めつつ平和努力を続けるよう内閣に求める「詔書」を出すのである。詔書だから関与したのは牧野伸顕内大臣と斎藤首相で、このままでは多くの案件で日本が孤立すると心配し「詔書」を発することを進言したはずである。いわば内田「焦土外交」への批判である。

この「詔書」が嘉納らのオリンピック招致運動に拍車をかけるのである。いや嘉納の考えていた構想に、意味付けがなされたといってよい。

嘉納が斎藤首相と会う

国際協調を自ら壊せば外交が多方面に苦境に陥るのは当然である。

斎藤政権はソ連との平和条約に行き詰まり、英国からは日印通商条約の廃棄を通告される。日本最大の産業、紡績業にとってはインドからの綿糸の輸入が滞る大問題だった。個別の問題ではあるが、他の大国はこの時期を選んで日本の国際協調の意思を確かめるのである。

「焦土」発言の内田外相は疲労困憊し辞任を考えていた。

こんな状況の五月十五日嘉納治五郎はウィーン総会の状況を説明するため斎藤首相を訪ねた。

オリンピックの環境も変わった。日本国内が国際連盟を脱退すべきかで湧いていた昭和八年の初頭にはドイツでヒットラーの政権が誕生していた。

それまでヒットラーはアーリアンと他の民族がスポーツを競うオリンピックには反対を宣言していた。ユダヤ主義の大会だとも批判していた。ところがヒットラーは首相になるとすでに決定しているベルリン大会を盛大にすると大宣伝に転じた。宣伝担当のゲッペルスの進言で手の平を返したのだ。

IOCも一九三六年のベルリン大会が確定したことは歓迎した。ただ日本の誘致作戦は大きく変わらざるを得なかった。

それ以前嘉納らはヒットラーのオリンピック嫌いでベルリンがダメになり、オリンピックを早くしたがっていたムッソリーニのローマが三六年に繰り上がる。そして日本はローマのいなくなった一九四〇年（昭和十五年）に全力を注ぐ作戦だったのである。

ヒットラーの方針変更で「東京」はローマと激突する可能性が高まった。

嘉納は斎藤首相にベルリン大会が予定どおり開催されることになった事情を説明し、作戦の変更も首相の斎藤の了解を取りたかった。政府の判断なくしては一歩も進めない事態になっていたのである。

こうした風潮のなかで紀元二千六百年の東京大会に漕ぎ着くまでの道のりを考えると、なんども国民と新聞の期待を裏切る場面が想定された。招致失敗を単なるスポーツといって政府は放って置けるのだろうか。「国辱」的と受け止められる場面もありうる。第一、二千六百年記念というアイデアで進んでいるが、昭和十五年でローマに負けてＩＯＣが昭和十九年に開いてくれといったらどうするか首相に説明しないで進めるわけには行かなかった。

杉村陽太郎が登場する

しかし斎藤首相は「国運を賭してもやる。このような時期だから是非やりたい」と冷静に話した。嘉納の説明は聞いたが、グズとさえ言われた性格のせいもあるが、一つ一つの局面は嘉納に任せるしかないと腹を固めていたようだった。

若くして米国に留学したことのある老首相はスポーツが欧米先進国でいかに重視されているかなどの雑談をした。

嘉納はすでに動き出しているＩＯＣ委員の増員について首相に協力を求めた。オリンピックを招致する以上、日本のＩＯＣ委員が自分のような「年寄りだけでは難しい」と話した。なによりＩＯＣ委員が三人になれば開催地を決める投票でずっと有利だと説明した。次のウィーンでのＩＯＣ総会で決めたいと説明した。

実際ＩＯＣ委員が三人になることは米英と肩を並べる〈大国〉になることを意味した。

嘉納はジュネーブで国際連盟の事務次長をしている外交官の杉村陽太郎をＩＯＣ委員にしたいと語った。直接判断するのは外務大臣だが外交官を招致活動で使うのを首相が知らないというわけには行かないと説明した。

嘉納より二歳年上の首相は笑って了解した。斎藤は杉村の歳を聞いた。「四十九歳だ」と答える嘉納に、斎藤は東京オリンピックを見てみたいものだ、杉村君だけが、東京大会を見るかもしれないな、と斎藤は語った。

嘉納は二日後に数百人の見送りを受けてモスクワ経由でウィーンでのＩＯＣ総会に向かった。見送りの中には近衛文麿、永田、それに永田の後任で東京大会に力を入れ出した牛塚東京市長の顔があった。

近衛が見送りに来たのは、嘉納が貴族院議員の仲間だったからだ。しかしオリンピックなどという派手な話は嫌いではなかった。この四年後近衛が首相になり、自分の（第一次近衛）内閣が決まっていた昭和十五年の東京オリンピックを「返上」するなどとは、近衛本人も想像だにしていなかった。

スポーツヒーローの杉村が加わった

「不幸ニシテ連盟ノ所見之ト背馳スルモノアリ朕乃チ政府ヲシテ慎重審議遂ニ連盟ヲ離脱スルノ措置ヲ採ラシムルニ至レリ然リト雖国際平和ノ確立ハ朕常ニ之ヲ冀求シテ止マス是ヲ以テ平和各般ノ企圖ハ向後亦協力シテ渝ルナシヤ今ヤ連盟ト手ヲ分チ帝国ノ所信ニ従フト雖固ヨリ東亜ニ偏シテ友邦ノ誼ヲ疎カニスルモノニアラス愈信ヲ国際ニ篤クシ大義ヲ宇内ニ顕揚スルハ夙夜朕カ念トスル所ナリ」。

これは昭和天皇が、国際連盟への脱退正式通告と同日（三月二十七日）に発した詔書のポイントの部分である。日本はやむなく国際連盟から脱退したが平和と友好を疎《おろそ》かにするものではない。外交も満州国問題（東亜）に偏って他の友好国を考えないつもりはない——と天皇は自分の言葉で、国内の諸勢力を導こうとした。国際協調路線が失われた悔しさが込められている。そして歴史は中国との果てしない戦火の拡大へと続くのである。

しかし当時の日本で国際連盟からの脱退が日中戦争、太平洋戦争の元になる、つまり国家の危機と認識していたのは極く少数だった。気がついていた少数のなかに国際連盟事務次長になっていた日本の外交官・杉村陽太郎がいた。

杉村は、松岡が政府代表としてジュネーブに来る前に国際連盟のなかで検討されていた和協案の交渉役だった。ドラモント事務総長との間で練られた和協案は、ドラモント・杉村試案と呼ばれた。もちろん杉村は日本代表の松岡とも国際連盟がリットン報告書を是認する採択を回避するため戦った仲である。ドラモント・杉村試案はいわば満州国の承認問題とリットン報告書の棚上げ案で実態としては満州の日本軍の占領・統治を認め、数年後に国際連盟で解決しようというものだった。

これが実現することなく崩れた第一の理由は、陸軍がリットン報告書そっちのけで上海事変などで戦争を拡大したこと。また国際連盟に非加盟の米国が満州国の承認に反対し、欧州で主流だった柔軟な英国式外交を制約したからである。

結局昭和八年一月半ばにドラモント・杉村試案は挫折し、日本政府はそれをみて松岡代表に脱退覚悟で、タフネゴシエーションを期待してジュネーブに送り込んだ。結果はすでに書いたとおりである。なおドラモントはイタリアの外交官で、ＩＯＣ委員である。

杉村も失敗したのだ。国際連盟に派遣された外交官としては挫折である。

しかしここからが杉村が並みの外交官と違ったところである。

天皇の「詔書」の精神

昭和天皇が三月二十七日に発した国際連盟脱退の「詔書」を冒頭に掲げた『国際外交録』（昭和八年八月五日発行、中央公論社）という本が手元にある。その本の冒頭にはこの国際連盟脱退の「詔書」の他に、大正天皇が日本の国際連盟加盟に際して発した「平和回復の詔書」も載せてある。

筆者は杉村陽太郎である。日本が国際連盟を脱退したのは軍、外務省の一部が煽り大手新聞がそれに丸乗りした。その後に右翼が国民大会を開くなどして斎藤政権を脱退に追い込んだ結果である。

それを承知で杉村は日本に帰国、なぜ脱退にいたったかを説明する講演会などを開いている。「国際外交録」も発行日から見ると、脱退決定後すぐに筆を起こしているはずである。大使級の外務官僚が外交の経過をすぐに説明するだけでも驚くべきことである。脱退に大喜びしている国民に、天皇の真意を知っているのかと鉄槌を下しているようである。

『国際外交録』は「私は平和戦の落武者である」で始まっている。

松岡、政府、外務省に迷惑を掛けないよう注意が払われているために読みづらいのは仕方がない。日本が国際連盟と歯車が合わなくなった原因を満州事変以後の日本軍の軍事行動だと巻頭から指摘している。昭和八年の本だから、以下の日支事件は満州事変から上海事変の停戦にいたる連続した戦争のことである。

「有体にいえば日支事件に対する日本の真意は長い間世界には不明であった。世界は日本政府または代表者の言に幾度か迷わされた、その局に当たる者の実力と努力の足らぬ点（筆者注：杉村のこと）も原因したであろうけれども、しかし内部の不一致がその主なる原因の一つではなかったと云えようか？」。

陸軍と政府の不一致を突いている。さらに日本が横車を押したと歯に衣を着せようともしない。

「日支事件に際し最も遺憾に感ぜられるのは日本の国際的信用が甚だしく低下した事である。信用は秩序の母であり協力の父である。（略）国際社会に於いて殊に然り。日本は強い、併し勢いに任せて切りまくるかの如くに解せられる時、日本軍の精神的真価は動揺せざるを得ぬ。日本の横車に対し、空前の世界的不況に悩む列強は、ただ日本のなすが侭に放任するより他に道はないけれども、併し日本に対する誤解と反感とは随所に激発して遂に連盟の会議に於ける不幸なる決議となって現われたのである。連盟の脱退が重大な問題であることは勿論であるけれども、吾人を以って云はしむれば、日本の国際的品位及び信用の維持の方が一層大切な問題であり、日本の政府及び国民の外に対する今後の責務は大義名分を明かにし、以ってこの失墜された国際間に於ける祖国の精神的地位を恢復するにある」。

つまり脱退で国際的信用は失われた。そして次に日本の信用は世界を家とする思想から回復されるべきだというのである。

「海洋は日本と五大陸とを連結する大道である。人口過多、領土狭小の日本は海洋に依って其国民経済を培養する。日本の進むべき道は世界を家とし、萬邦を友とするにある。共存共栄、門戸開放、機会均等、是が我が対外国策の根本議である」。

リットン報告書に日本に有利な点あり

つぎの部分はリットン報告書を一〇〇％日本の敵とみなして脱退に突き進んだ外務省中枢に対する杉村のさらなる批判である。

「実際問題に付いては百パーセントの断定または論断は禁物である。（略）リットン委員会報告中にも日本に有利な点が多多ある。全部之を不都合となすは正しくない。小国（筆者注：中国などのこと）の立場にも諒とすべきものがある。彼等が戦々恟々として自国の安全と独立を擁護せんとし、是がため、我に対し反対の態度に出づるは、寧ろ我に反感を有するに非ずして、連盟に信頼せんとするものと解すべきである」。

日本が連盟を脱退するのは外交戦略として筋違いだ。それでは中国を喜ばせただけだ、と言いたげである。

オリンピックは国力の戦いだ

いまは杉村が、オリンピック東京招致運動に加わった時に、日本の立場をどう見ていたかを書いている。本書が外交史の本であればこの時期、杉村が日本の世論を逆撫でするように国際連盟主義の伝道師となり、プロパガンダして回った原点と政府、外務省内の支持者について研究を深めるべきであろう。

ドンキホーテに終ったのか、同時代に感銘を与えたのか研究してほしいものである。

しかし、紀元二千六百年東京大会招致の歴史を描く本書では、平和外交の「落ち武者」杉村が、落ち込むことなく、この本の出版後、IOC委員となり猛然とオリンピック招致に突き進んだ中心人物になったことをまず追わざるを得ないのである。

杉村は若いときにはオリンピックに出ても不思議でないほどのスポーツマンだった。世界のスポーツのレベルが低かったとは言え、本当のことである。明治四十五年のストックホルム大会で日本はオリンピック・デビューする。嘉納が陸上の金栗四三（東京高等師範学校）と三島弥彦（東大）を引きつれ三人で参加した。成績は惨憺たるものであった。三島は帰途、二歳先輩で、すでに外務省に入りフランス・リヨンの代理公使をしていた杉村を任地に訪ねた。杉村も三島も当時にしては珍しいスポーツ派である。杉村も自分が日本で学生だったら出場していたかもしれないと考えられるほどの体力の持ち主だった。しかし官途に就き、フランス語と法律の勉強に忙しい杉村は三島に「オリンピックをたかが運動競技と見てはいけない。国力が争っているのだ。そしてオリンピックを見ればアメリカが如何に大国であるかが分かる」と話したという。オリンピックを虎視眈々と見ていたのだ。

杉村は嘉納のどういう弟子だったのか。

杉村は一高・東大時代に講道館で柔道を学んでいた。嘉納は東京高等師範学校校長を務めるなど有名な教育者であり、同時に講道館の館長だったため日本の各方面の優秀な青年から尊敬を集めていた。だから弟子に外交官がいることは不思議ではないのだが、杉村の場合は違った。外交官になったあとも講道館が発行する雑誌「柔道」などに時々、国際関係などへの所感を送って来ていた。講道館の雑誌には柔道のことばかりではなく修養や青年が知識を広げるための記事が掲載されていた。

戦前の講道館がそういう〈修養の館〉だったことは、むしろ嘉納の業績と杉村の人生では不思議でもなんでもなかったであろう。

杉村陽太郎（写真提供：盛岡市先人記念館）

杉村は明治十七年生まれ。一高・東大時代はスポーツの万能選手としてならした。水泳、ボート、陸上競技で有名になっていた。柔道はその後だった、といわれる。運動界に杉村ありと知られたのは水泳だった。明治三十八年に開かれた大阪湾横断遠泳大会（大阪毎日新聞社主催）でだった。杉村は水府流太田派のチャンピオンだった。同じ東大の神伝流チャンピオン、鈴木和志理との対決が話題になっていた。

柔道への打ち込み方も半端ではなかった。講道館に泊り込みで鍛えていたのだ。後の十段三船久三が、杉村の追悼集で杉村の人となりを書いている。三船には学歴はないが、小兵ながら柔道の天才だった。杉村は東大に柔道の指導にきてくれと三船に頼んだ。三船は東大生というと自分よりも学もあり、年上もいたので、断ろうとした。これに杉村は、学生は順番に卒業してゆくから気にすることはないと説得したそうである。

杉村と三船が内輪ではあるが対戦したことが、この追悼集で分かった。なんと審判は嘉納だった。杉村は得意の大吊り腰をかけた。見た目、半分ほどの体格の三船はとっさに、背中に飛びつき、杉村の首を締めた。しかし杉村は三船を背中にしたまま倒れた。三船は自分では受身を取っていない（手で畳をたたいていない）ので、自分の勝ちと信じていた。ところが嘉納の判定は杉村の勝ちだった。嘉納は「首を締めても杉村は落ちた（気絶した）わけではなく、投げたのである」と説明したという。

空気投げの三船。いや三船の空気投げは、第二次大戦後の少年の憧れであった。筆者は杉村が三船より強かったことに感銘を覚えた。

杉村は日露戦争後のスポーツヒーローだった。身長五尺九寸。国際連盟脱退に際しジュネーブの日本人職員は松岡代表を中心に写真を撮った。第一列に小山のように大きい男性がいる。それが杉村である。この相撲取りとさえ見られた体躯から発せられる警句が何度かジャーナリストに感銘を与えた。

日本を滅ぼすものは日本民族である

杉村は、新渡戸稲造の部下として第一次大戦の後作られた国際連盟に派遣され、大国の加盟を促し真の平和ための組織に作り上げることに賭けていた。ミスター国際連盟と言われた。

国際連盟への出向は日本の外交官の中では損な役割ではあったが、「大国」となった日本が国際会議で名誉ある役割をになうことが明治国家の有終の美であるとの確信があった。

いや杉村にとって人類初の惨禍である第一次大戦をもたらした大国は目覚めねばならなかった。目覚めぬものは強国であり、目覚めこそ大国の矜持であった。

このため軍備の制限について信念を持っていた。外交は「人民の外交」に移るべきであり「最早文明国といわれる社会で柱石となるのは軍陣ではない」と言い切った。

大正八年に出版された杉村の著書『果して大国は醒めたりや』（国連協会出版）は題名からして日本は目覚め前のただの「強国」にとどまるのか新しい時代に責任をもった「大国」に向かうのかを恐ろしいほどのリアリティーで突いた。

強国は時に自らを滅ぼすことがある。ロシア帝国がそうであったし、ドイツも同じであった。日本がもし強国にとどまるならば、大和民族が滅びるならば、滅ぼすものは大和民族である。

「世界の三大強国中、アメリカの大政治家は已に醒め、イギリスの識者も半ば目覚めんとす。日本の有識者階級が覚醒せねばならぬ順序となった。大和民族は、国際正義の法廷の前に、今や真の大国民や否やの判決を受けんとしつつある。

強国が大国とならざる限り、真の文明はない。真の正義も人道もない。大国ならざる強国は世界の悪魔である。人類の敵である」。

大国なら、アジアを困らせるな

杉村の心の中で強いだけの危険な強国と、矜持を持った「大国」の区別が明確にできたいきさつがあったはずである。これは杉村の記録にはない。ないが当時の外務省の職員は知っていた。

杉村の父は杉村濬《ふかし》という、ブラジル公使などを務めた外交官だった。明治二十八年に朝鮮で大事件が起きる。朝鮮の宮廷を支配していた反日派の王妃・閔妃を日本公使・三浦梧楼の指揮のもと浪人が殺害した事件だ。杉村濬はそれに関わった。犯人らは日本で裁判に懸けられたが、微罪で許され、それぞれの職場に戻ったのである。

杉村濬も有能な外交官として過ごした。杉村は父の下で将来外交官となるべく育てられた。外国語の能力は学校教育以外に教えられたようである。父の後を追うように外交官になった杉村陽太郎にも、外交を知るにつけ父が閔妃事件に関わったことは、大国の矜持を感じられなかったに違いあるまい。

後に杉村をＩＯＣ委員に推薦し、国内で外務省などに働きかけたのは嘉納である。

嘉納は自らの思想を発展させて国際連盟へのアメリカ、ソ連の加盟を勧めている杉村の見識が国際スポーツのなかでも必要だと感じていた。講道館の次期館長に杉村を考えていたと言われる。しかし杉村をこの時点でスポーツ界に引き戻したくはなかった。嘉納も国際連盟脱退後に日本が置かれた状態への危機感を共有していた。外交でこそ活躍させたかった。しかしスポーツ界に説得力を持ちうる外交官は杉村しかいなかった。嘉納はＩＯＣというものが欧州の貴族で外交官経験者の集まりだと知っていたからだ。

強国は矜持と責任を感じて大国となる。もし日本が太平洋戦争への道を歩まなければ杉村は少なくとも体育界の大物に育って、スポーツと矜持ある「大国」の振る舞いが見られたであろう。しかしＩＯＣ委員の期間が短かったために、そうした発言はあまり記録されていない。一度だけ、こんな場面があった。

昭和九年五月にマニラで第十回極東オリンピック大会が開かれる予定だった。中心人物はホルヘ・Ｂ・ヴァルガスというフィリピンの学者的政治家だった。そのころ日本よりも中国よりも先にスポーツ大国だったフィピン運動界の中心人物だった。

そのヴァルガスの下に満州国の満州体育協会の鄭孝胥名で参加の希望があった。鄭は傀儡とは言え満州国の国務総理である。初めヴァルガスは大した問題と考えていなかったのだが、中国から満州国が参加するならボイコットするとの意見が出た。また足元のフィリピンの華僑は満州国の参加する大会へのボイコットを叫びだしたのである。

「極東大会に対する満州国参加問題」というパンフレットが手元にある。満州体育協会の正式パンフレットである。明確に「南京政府」を批判し「今回極東大会の総監督は王正廷であり、政府は十五万元の補助を之に與えて居る」としている。

このアジアでの極東オリンピックは国際オリンピック以上に複雑な問題があった。日本人も中国、フリピンで働いていたのだ。ボイコットがボイコットを呼ぶと外交問題になりかねなかった。

日本体育協会では山本忠興の独断という形で満州体育協会の参加希望を下ろさせた。日本の体協に権限があったかどうか分からない。

そのころスイス公使をやめ日本に帰っていた杉村が体協にやってきて記者団に語った。杉村はすでにＩＯＣ委員（兼体育協会顧問）だったが、この決定には体協顧問として加わったのであろう。

「だいたいね、君たちは世界の立場を知らんから細かいことをいろいろいうが、日本は大国だよ。つまり大国らしい立場で立派な態度をとる、ということがわれわれの基本だよ。スポーツの世界というのは、オリンピックでもいうように、明朗、友愛、礼譲の三つの言葉に尽きている。多数決とか規定というのは、政治の世界だけで十分だ」。

ここで記者の一人が訝しんで、国際連盟の話かと糾した。

杉村は「いいかね国際連盟というのは、白色人種が作ったクラブのようなものだ。われわれはね、そのクラブと別れてアジアに帰ってきたんで、世界と別れたわけでも何でもない。アジアには十億の民がいて、これは世界人口の半分以上になるんだ。

白人の友達から一時別れたというのと、アジアの友達から別れるというのは全く違う。アジアの仲間は親戚のようなものだ。

冗談じゃない。日本は極東の大国だよ。リーダーにならなければならない男が、逆に自分から別れ話を持ち出すなど、話は全く逆だ。そうは思わんかね」。

本来、満州国の問題がアジアの友人への極東大会での〈別れ話〉になるなら、それだけで取り下げるのが、アジアの大国の矜持ある振る舞いなのだ。

大国の日本がその一部の満州国の取り扱いに振り回されて、アジアの大国の役割を忘れてよいのか——。国際連盟から脱退して、さらにアジアのリーダーの地位を失ったら日本はどこに行くのだ。

何の見通しもなく国際連盟を脱退した日本のリーダーに対する不満が、極東大会での満州国の扱いにかこつけて杉村の口をついて出た場面だった。

日本体協が満州体協の参加を断ってくれたことで、フィリピンのヴァルガスは嘉納の率いる日本のＩＯＣメンバーに大いに感謝する。それが二年後の東京オリンピック招致で日本支持につながるのである。

ウィーン総会の直後、岸清一体協会長が急逝

話を、嘉納治五郎が斎藤首相からオリンピック東京大会を政府も推進するとの確約を得た二日後、ウィーンに向い東京を発った昭和八年五月十七日に戻そう。

ウィーンでのＩＯＣ委員会は昭和十一年のベルリン大会をドイツが行えるのかどうか確認するのが目的であった。六月七日に始まった総会では予定どおり日本の杉村がＩＯＣ委員に正式に認められた後は、ドイツの反ユダヤ主義の取り扱いが大問題になった。

まずドイツのＩＯＣ委員のテオドール・レバルトは第一次大戦で中止のやむなきに至った第六回のベルリン大会の立役者だったが、ドイツは敗戦後も夢を捨てず一九三六年（昭和十一年）のベルリン大会の〈再現〉に漕ぎ着けた。ところがウィーン総会には出てこなかった。ユダヤ人の血が混じっていることを理由にベルンハルト・ルスト文相にレバルトは解任されたのである。

ウィーンのＩＯＣ総会で米国の委員がレバルトの会長復帰とスポーツに於けるユダヤ人差別を撤廃すること。それができなければベルリン大会をキャンセルすると申し入れた。これに驚き、ドイツはレバルトの会長復帰を認めベルリン大会の実施にメドを付けたのである。（レバルトはこの年の末には再び追放された。ドイツのユダヤ人追放運動は、スポーツの問題にとどまらなくなったからである。）

この動きを目の前で見ていた嘉納と杉村は欧米の問題に口を挟むことは差し控えた。日本も満州国

どころではなく軍は長城を越え北京（北平といった）に向かい、停戦は先のことという印象だったからだ。

このため二人がウィーンで目を凝らしていたのはユダヤ人問題ではなく一九四〇年（昭和十五年）の最有力地のローマだった。イタリアの委員は各国委員の間を笑顔を振りまきながらダンスを踊っているように杉村には見えた。「日本でいえば廊下トンビだ」とみていたが、このまま行けば絶対に東京は負ける。なんといってもローマはギリシャ以上の西洋文明の源流である。

ドイツがギリシャからの聖火リレーで点数を稼ごうとしていることから見てもローマ時代のスポーツ文化の復活というキャッチフレーズは欧州人には人気がある。

「ローマに降りてもらうしかない」と杉村が決断

ウィーンでの会議が終る頃、二人で話していると杉村が秘策を持ち出した。

日本は紀元二千六百年に大会を開くのが目的だ。バロセロナが第一次大戦前の勃発で逃した大会は、まだ実現していない。ベルリンもローマもぶらぶらしている状態だ。時期を限って大会を開くのは大変なことだ。しかもこのままでは国内の希望である紀元二千六百年に開くのはローマに取られ不可能だ、と判断を嘉納に伝えた。

嘉納はどんな手があるのか、と聞いた。杉村の口から答えが飛び出した。

「幸いイタリアは民主主義の国ではない。ムッソリーニに直接たのんでローマを降りてもらうしか、東京大会は間に合わない。私はムッソリーニを説得することに全力を上げたい」。

杉村は嘉納にこう言いきった。独裁者ムッソリーニなら自ら降りる決断が出来る。嘉納はまじまじと杉村の顔を覗き込んだ。「ローマ以上の票を取るのではなくてローマに降りてもらうのだね」。

「この欧州中心の世界ではドイツの次はアジアで開くことの意義をＩＯＣに理解してもらう精力は、ローマを降りてもらうのと同じ分量だ。ロサンゼルスの次はベルリン、その次は東京ならローマ帝国も理解してくれるだろう。イタリア人は明るいから……」。

ウィーンで別れる前、嘉納はうなずくしかなかった。

日本のマスコミが注目し始めた

嘉納は杉村と別れたとき幾分元気がなさそうだった。しかし昭和八年十月十一日マルセーユを船でたった嘉納は三週間の船旅ですっかり元気を回復した。

シンガポールに着いた嘉納は大きなニュースにぶつかった。体協会長の岸清一が急死した報せであった。十月二十九日に急性心臓麻痺で亡くなったのである。

東京オリンピック計画の推進役は体育協会会長でＩＯＣ委員の岸だった。国際派弁護士として経済界に重きを置いていた岸には資金集めの実力があった。

天皇にロサンゼルス大会後の情勢を進講したのも実力のしからしめるところだった。岸が急死した意味を新聞も十分理解していた。帰国の途中、上海に着いた嘉納を日本の新聞の特派員が取り囲んだ。「東京オリンピックは大丈夫でしょうか」に集中した。

嘉納は「まだ候補地は九つも残っている。ただ今回の委員会で杉村陽太郎博士もメンバーに加わったことだし少しは理解される情勢も大きくなったかもしれない。とにかく、相手はムッソリーニのローマだ」と話した。例のなにくそ精神だった。

しかし翌日の日本の新聞は、嘉納の言葉から「東京オリンピックは有望」との見出しが踊った。嘉納はやっと可能性が出てきた程度と話したつもりだった。そこで岸会長を失ったのはオリンピック招致の可否にかかわるとも語っているのだが新聞の表現は違っていた。

嘉納が帰国してすぐに行ったのは岸の霊前にウィーン総会の報告をすることだった。「なぜ君はこんな時に死んでしまったのか」。

オリンピック招致計画が手探りだった時期は終わり、妙にクローズアップされてきた。東京市の議員のなかには「オリンピックは月島で開きたい」などと発言するものが現われた。そして新聞はオリンピックの話題を楽しみだした。

第六章　広田外交のなかの東京オリンピック

外務省傍流の広田が外相になる

国際連盟の脱退という運命の外交を指揮した内田康哉外相が辞任した。昭和八年九月十四日のことである。六十八歳であった。

内田に代わって外相になったのは、広田弘毅、五十五歳だった。広田は若さだけで期待が集まった。それほど一般には知られていなかったのである。

大正時代以降外交の主流は英米協調派の幣原外交で、そのなかで広田は傍流だった。しかしソ連大使を務めた広田はソ連には詳しく、そして中国派ではないが、福岡県出身しかも大陸経営に長く関与した玄洋社に近いことから、中国に一家言を持つ外交官として知られた程度だった。

五月末に北部中国での停戦が成立した。このわずかの平和を生かすために内田が辞め、広田という無名の外交官が外相に選ばれた。それはグズのように見える斎藤首相の秘策であった。

広田は斎藤内閣に続く岡田内閣でも外相を務め、二・二六事件の後、首相になる。この間を広田外交と呼ぶが、近衛内閣でも外相に就任し重きをなした。

広田も天皇の「詔書」にこだわっていた

話をオリンピック招致に戻そう。広田はアムステルダム大会の際、オランダ公使としてマラソンの金メダルに涙した男である。第一次大戦前後にオリンピックという競技大会が欧州の国際関係に大きな影響を与えたことを目の当たりにして来た。

当時の日本でスポーツ大会が国家間の関係に影響があると感じていた人物が外務大臣になるなどとは稀有のことであった。ヒットラーのベルリン大会準備を横目にスポーツとナショナリズムの関りを考える人が出始めていたが、大会の雰囲気を身をもって知っている外交官がいたことはその場にいた嘉納しか知らなかっただろう。

広田は就任に際し斎藤首相に二つの約束を取り付けた。一つは外交の基本に国際連盟脱退に際して昭和天皇が発した「詔書」の精神に従うこと。もう一つは首相が外交に協力することだった。

どちらも軍部を牽制することを意味した。

その就任したばかりの外相を外務省に訪ねた身長五尺九寸、体重三十貫の巨漢がいた。連盟脱退で国連事務次長をクビになった杉村陽太郎だった。杉村にとって広田は外務省の五年先輩で、欧州勤務の間親しく接する機会があった。二人が会った記述は鈴木明著『１９３６年ベルリン至急電』にあるが、以下は筆者の推測である。

広田は杉村の用件が、ローマ大使にして欲しいとの自薦なのを聞いて驚いた。たしかに杉村はいまは待命中のようなものである。杉村をどこかで使うことは外相の仕事ではあった。しかし硬骨漢としてしられる杉村に猟官運動はふさわしくない。

広田は自分も猟官運動は慎んできた。外相になったのも自分では理由が分からなかったほどである。杉村も外務省の一員だから広田の猟官嫌いは百も承知だろう。

広田は杉村に「大きいのもいいが太りすぎではないか」と冷やかした。杉村はジュネーブでの激務で運動が出来ず体重が増えたのが悩みだったと聞いていた。しかし大男が自分で自分の人事に動いては世間にばれるから失敗するぞとの謎かけだった。

杉村は率直にイタリアに行きたいからとローマ大使を希望したのだ。

広田はたしかにムッソリーニの台頭以後、日本外交ではローマの重みは増していた。しかし杉村にふさわしいポストは他にもあるはずだといぶかしんだのだ。

しかし杉村は真剣だった。時間がない、今行かなくてはオリンピック東京大会に間に合わないと言い切った。

そしてオリンピック東京大会の話を全て広田に告げた。日本はこの大会を紀元二千六百年の昭和十五年に開かなくてはならない国内事情があること。そこまで時期を限った招致運動はオリンピックの歴史にないことで現在のIOCの状況では九カ国も候補に残っていて「東京」は苦戦している。可能性を高める唯一のチャンスはローマ大使の交代期を利用して自分が大使となって直接ムッソリーニに会いローマに降りてもらうしかないと話した。

イタリアにムッソリーニというファシズム政権ができたことが唯一のチャンスだ。「これまでのいい加減な政権だったら、お祭り好きのイタリア人を喜ばすため絶対ローマ五輪を手放さない。ムッソリーニしか出来ないのだ」と杉村は強調した。

広田は杉村の真剣さに驚いた。

杉村は天皇の詔書に従い日本が国際協調の道を歩むために翌々年のベルリン大会の際のIOC総会で東京誘致を決め、世界中のスポーツマンを招く計画を宣伝するのが最も良いとも語った。

杉村はオリンピックの誘致には天皇が熱心であること、そして自分の今後の外交の基本は天皇の詔書しかなく、八月に出した自らの著書『聯盟外交録』の冒頭には詔書を掲げたことを話した。

広田は「国際連盟の時より熱心だね」とからかったものの杉村の追い詰められた気持は分かった。ベルリン大会の時にドイツがどうなっているのか誰にも分からないし、その時斎藤内閣で自分が外相でいる可能性は低いが、杉村のいう通りオリンピックが〈外交〉だと杉村や嘉納治五郎が考えている意味は良く分かった。

広田も招致失敗を警戒した

広田はムッソリーニに借りを作ってよいものだろうかと考えた。しかし杉村に人事については協力したいと言った。対イタリア外交についてはその時自分が指示すればよいのだ。

「君の言いたいことは東京大会に漕ぎ着けなくても今東京招致で世界に胸襟を開くことが日本の外交だといいたいのだろう。それが連盟脱退のマイナスを帳消しにするという理屈は分かった」と語り、外交として考えることを約束した。

そして杉村に、今が重要というなら中国は「東京」大会にどう出るだろうかと質した。杉村は日本が中国との戦争をどうするかにかかっている、それは外務大臣の仕事だと答えた。ただ満州国成立後、満州の体育団体が国際大会に満州国名で選手を送りたいと連絡しており、満州の取り扱いしだいでは、中国が反対し大問題になるだろうと警告を発した。

杉村はベルリン大会ではユダヤ人問題で米国がボイコットする可能性があること、それを抑えるのもヒットラーの外交手腕であると語った。ヒットラーは自分の言い出した反ユダヤ主義を取引材料にしている。

日本は満州国の代表問題で注意しなければならないのは中国だけでなく、欧米のボイコットを考えなくてはならない、と説明した。

広田はオリンピック外交は、君の方で考えてくれよといって杉村を大臣室から送った。「ただ君の言うとおり東京招致に失敗したことが右翼連中の政府攻撃に使われては困る。マスコミに期待をもたせないでくれ。嘉納先生も困らせることになるだろう」と付け加えた。

杉村は嘉納に会いローマ大使になる作戦が広田の外相就任で実現しそうだと伝えた。嘉納は杉村の作戦通りローマ大使になれるのかと杉村の成長に驚いたが、半面オリンピックが国政の大事になってきたとの不安も頭をもたげた。そして杉村をオリンピックに引き込んだ責任も重く感じざるを得なかった。

第七章　〈人民の時代〉が来た

伯爵副島の登場

岸が急逝したことにより嘉納には、新しい体協会長を推薦する責任が生まれた。後任は当然、IOC委員として世界的に売り込める人物でなくてはならなかった。嘉納にとっては岸、杉村につぐ三人目のIOCの後任である。幸いなことに嘉納が決める人物に文句をつける機運はIOCにはなかった。決まれば、日本はIOC委員の三票を持つことになりオリンピック招致の実現が近くなるのであった。

副島道正というバスケット協会の会長しかすぐにIOC委員にふさわしい人はいなかった。副島も嫌がる気持はなかった。

副島は外交官ではなかったが英国留学や貴族院議員としての経歴から杉村の語るムッソリーニ説得の重大性をすぐに理解した。ただ副島は杉村のように紀元二千六百年（昭和十五年）を日本にとって絶対のオリンピック開催年と考えたのかどうか、この段階でははっきりしない。

東京市も「天皇の関心」を拠り所に

昭和九年の前半嘉納ら体協の幹部は永田秀次郎に代わった東京市長、牛塚虎太郎が東京大会をどう考えているのか確認することに費やされた。永田は前年一月に辞任した。汚職事件で幹部二人が東京地検に召喚された責任をとったのである。

このため嘉納は二月二十七日、三月二十七日、四月十二日と三度にわたって牛塚と会見した。オリンピックは都市が開催するものという原則があるいじょう牛塚がやる気を持たなくては体協の意欲は空回りする可能性があった。

嘉納は慎重を期して、三度牛塚の気持を詰めた。東京市側にとって財政が最重要の問題だった。牛塚は市の財政部門、東京府、内務省と慎重に折衝を固めているようだった。優秀な内務官僚らしい手堅さに嘉納らは信頼を寄せていた。

昭和九年という年は、戦争景気に加え、満州国が出来て日本からの投資ブームも兆したところに、斎藤政権の中軸にいた高橋是清蔵相のいわゆる高橋財政が効きだし、経済的には安定をみせた。戦後の経済史研究で戦前とのざっくりした比較をするときは、昭和九、十、十一年の平均値を使うほど、財政力もあった。

国会議事堂、財務省など東京の象徴的な建物が案外、この時期に出来たり発案されたりした。

こうした状況のなかで、嘉納は牛塚と話し合い。当然、政府の財政的支援を取り付けることを牛塚市長に促した。牛塚の努力を買ってオリンピックは東京市の都市計画として内務省に了解された。外交に揺れた東京大会招致は牛塚市長の時に、首都の都市計画の一部になったのである。

戦後出版された『東京百年史』にはオリンピックの計画に最も強力に突き進んだのは牛塚市長の時代だとある。この記述は都市の歴史としては正しいのである。

牛塚市長は九年四月には嘉納らを前に次のような決意表明をした。

「陛下（昭和天皇）が東京オリンピックに並々ならぬ関心を示されていることは岸清一氏からの報告によっても明らかである。国連脱退の折にも、平和的事業は積極的に推し進めるべきである、といわれたことが、そのお気持の現われであると思う。

オリンピックの開催は、もとよりスポーツ関係者だけで進められるものではない。官、軍、民一体となって国家的事業として推進しなければとても成し遂げられるものではない。この過程に於て、国内の情勢も、平穏に向かうのではないか」。

「天皇の関心」と「国連脱退の折」「国内の情勢も平穏」の文言がしっかりと入ったのである。

嘉納が考えた東京招致の態勢は斎藤政権の下で確立されたのである。

ここで嘉納、副島、杉村の誘招致運動は本格化した。しかし政府からも東京市からも招致成功を請け負った三人には「ローマが降りてくれれば」という条件が重くのしかかってきたことを意味した。「天皇」という言葉が入ったことも三人には改めて重く感じられたのである。

嘉納の長旅

嘉納は牛塚市長の確約を土産に四月二十三日欧州に旅立った。今回はアテネで開かれるIOC大会で副島のIOC委員就任を確認してもらう目的があった。しかし、なにより「東京」の意欲を伝えIOC委員の間で「東京」を宣伝するのが目的だった。

東京招致が出来るか出来ないかが決まるベルリン大会でのIOC総会まで、あと二年しかないという気持に嘉納も迫られていた。

嘉納は年齢からも温かい南回りの船旅にしたかったのだが、今回はヒットラーが国力を挙げて進めているベルリンの競技場が見たかった。これは準備のために必須のことであった。IOC委員はベルリンの立派さと、「東京」の計画を比較するからであった。また何かと国際スポーツ大会に出たがる満州のスポーツ界の現状を見てみたかったのだ。

嘉納は満州体育協会と日本体育協会のいさかいをあえて無視してきた。当時、欧米でも植民地が自立する中で、植民地の旗を立ててオリンピックに参加したいとの動きはたくさんあった。一方IOCが欧州の貴族の集まりという性格を脱しきれずにいたことも嘉納にはよく分かっていた。

とはいえ満州体協のことがＩＯＣに伝わるのはマイナスと感じていた。それはマニラでまもなく始まる極東オリンピックでのトラブルで嘉納も認識した。このためにも満州で起きていることをこの眼で見たかった。そこで釜山から朝鮮半島を鉄道で縦断し満州に入る。それからハルビンからシベリア鉄道に乗り込む計画を立てたのである。

早くも嘉納が満州国の入り口、鴨緑河の先の安東に着いた時、日本人新聞記者が待ち構えていた。嘉納はものものしさに少し驚いた。

記者たちは、嘉納が日本体育協会の名誉総裁として、そのころ起きていた五月十二日から開かれるマニラでの極東大会に満州国体協が独自に参加を希望している問題への見解を求めた。

嘉納は落ち着いた言葉で「日本は参加を表明した以上堂々とこれに参加すべきで、いやしくも国際信義に反するようなことがあってはならない」と答えた。つまり満州国の体協が独自に参加する必要はない。そして満州が参加できなければ日本もマニラ極東大会をボイコットすべきであるとの日本の一部にある要求を嘉納は断ったのである。

集まったのは日本人の新聞記者だった。そこには日本の大手新聞の特派員もいた。しかし勢い上がる満州国の記者として、嘉納が満州国体協を認めないかのような断定に不満が漏れた。「すでに満州国は日本に協力する実力をつけた。嘉納は古い」というふうに嘉納には聞こえた。

満州国体協の言うことを聞かず、日本はマニラ大会に約束通り参加する方針は出発する前に副島、杉村と確認したことで、東京で二人は満州体協の声に妥協していないはずであった。

しかし嘉納は満州国の日本人選手のなかには日本代表として国際大会に出たい者もいるだろう。一方五族協和といいながら満州国にいる満州族や漢民族に優秀なスポーツマンが出たとも聞かない。それを育てるのが満州体協の仕事なのに、国際大会への参加権ばかり主張するのは本末転倒と思っていたが、ここでは言わなかった。

当時はドイツのユダヤ人問題はじめ大国は内部に同じような問題を抱えていた。対処方法がみつからぬ内に騒ぎだけを広めるのは「東京」大会にマイナスにしかならなかったからだ。第一フィリピンも先年のロサンゼルス大会では八人の選手の中で三人が銅メダルを獲得したが掲げられた国旗は米国の端の下に結び付けられていた。今回極東大会を開くのもヴァルガス氏の永年の独立精神の結果だ。すぐ出来るものではない。

嘉納は満州体協は満州国としてスポーツ振興に力を入れるべきで権利だけ主張するのはわがままだと考えていたのだが、満州に来てみていきりたっているのは新聞記者たちだったことが分かって良かったとも感じた。

日本では暴行事件が起きていた

嘉納が旅立った後、このマニラ大会参加を巡って日本で不可解な事件が起きていた。

マニラへの参加選手は昭和九年四月二十九日に神戸港から船で出発する予定だった。その前選手たちは甲子園のスポーツマンホテルで合宿することになっていた。

ある日五人の選手が外出した。その時棍棒を持った約十人の男が突然選手たちに襲いかかったのである。選手は命からがらホテルの中に逃げ込んだ。その時はことなきをえた。ところが暴漢たちは再度ホテルを襲ったのである。ホテルの中に侵入し人気選手たちを襲った。テロの様相を帯びてきたのである。

名前が知られていた遊佐（ベルリン大会銀メダル）、石原田、葉室（同金メダル）が顔を殴られたり、足を捻挫させられた。

遂に警察も放って置けなくなりホテルは厳重な警備の下におかれた。選手たちは外に出られなくなった。

このため選手団は二つの考えに分裂した。

「このような事件が起きるようでは、さらに大きな不祥事が起きないうちに我々は不参加を表明すべきである」。

「われわれは学校から派遣されたのではなく、国家の代表として外国に行くのである。いかなる困難があっても、それを遂行するのが選手というものの義務である」。

二つの考えはぶつかり合い、話し合いは十五時間に及んだ。どちらの側も暴漢の背後には体育協会に切り捨てられた満州国体協に同情的な政治的勢力がいると考えていた。

スポーツをするにも不気味な時代が来たというのが全員の感想だった。ただ慶応の竹中選手がマニラ行きを中止したが、他のほとんどの選手は元気にマニラに向かった。

日本選手は活躍しトラック、フィールドで圧勝した。中国の選手団も日本体協が満州体協を抑えたことで選手団を送ってきた。

マニラ極東大会は予想に反して大成功した。大会が終った時、ヴァルガスは平沼と山本の手を握り感謝の意を伝えた。

「有難う。この感謝の気持ちは生涯忘れない」

ヴァルガスも平沼も山本も、この時できた信頼関係が後の東京大会の誘致に大きな影響を与えるのだが、この時は分からなかった。

アジアの国々のナショナリスム

今日に至るも満州国の体協が、だれの手で動かされていたのか、また神戸でマニラ行きの選手団を襲った暴漢と繋がりがあるのかはっきりしないが、嘉納も杉村も副島も、満州国の問題が、東京大会招致では最も扱い難いのだと意思が一致した。三人ともそれぞれ､長い政治との関わりを持っていた。

満州国問題がオリンピック招致に絡むことはありうると感じていた。

ただ満州国問題となると国際連盟脱退では責任者の一人だった杉村は、東京大会招致に強い意志を持った。今度こそ日本はオリンピックで国際社会に復帰しなければならないと、決意した。

しかし第九回の極東大会の準備過程で、アジアのスポーツ界も急速に政治化した。引っ張ってきたフィリピンのヴァルガス、嘉納治五郎に続いてアジアで二番目にＩＯＣ委員になった中華民国の王正廷、そして杉村が、政府のなかで地位を得たことと無関係であったはずがない。ヴァルガスはケソンという政治家の有力秘書としてアメリカからの独立が射程に入ったところだった。王正廷は蒋介石の外相格だが日本が起こした上海事変を切り抜けたところであった。

不思議なことに第九回極東大会で、かれらの軌跡が交差した。満州国問題がもたらしたものだ。

フィリピンのヴァルガスという男

ここではヴァルガスの話をしよう。ヴァルガスは一八九〇年ネグロス島で生まれる。この頃フィリピンを支配していたのはスペインだった。ところが十二歳の時に米西戦争が起きフィリピンの支配者は米国に代わるのである。これがヴァルガスの転機になった。アメリカ人のプロテスタント牧師から教えられた英語の力でマニラに来てフィリピン大学に入ったのである。

保守的なカトリックを国教としていたスペインの統治時代であれば、自由な発想を持ったヴァルガスのナショナリズムは革命運動の方向に進んだに違いない。

ヴァルガスは高校までは立ち幅跳び、フィリピン大学ではテニスとバスケットの選手であったが、大学三年生の時マニラで開かれた第一回アジア・オリンピックでは選手になれなかった。反カトリックの哲学論文「フィリピン農民の哲学」に没頭していたためと言われる。

しかしフィリピン大学の機関紙「カレッジ・フォリオ」の編集長に選ばれた。

ここからヴァルガスは政治の道に入ると共にフィリピン・スポーツ界の指導者になって行くのである。スペイン、米国の支配を受けたフィリピンは中国、日本よりもスポーツ大国だった。いや日本は明治時代にはこの二カ国に比べずっと遅れていたのである。このためヴァルガスはアジアのスポーツの指導者でありアジア・オリンピック（極東大会）との関わりは嘉納や岸、王より深くなる。

アジア・オリンピックはフィリピン生まれの国際大会だった。米国人でＹＭＣＡからフィリピンに派遣されていたエルウッド・ブラウンが発案した。当初はアジア・スポーツ大会もしくはアジア・オリンピックなどという名でブラウンがあちこちに話を持っていた。日本にその話が持ち込まれたのは明治四十四年のころだった。翌年開催の第五回のストックホルム大会に手探りで臨んでいた段階だったので、嘉納らは、スペインから米国の統治下に入ったばかりのフィリピンという国の発案には冷たかったのだ。

そのためではないが、第一回のマニラ大会には大阪毎日新聞がスポンサーとなって選手を送った。

しかしフリピンは二年に一度、大会を開くことを決めていたが、大会規定は回を重ねるごとに変更された。日本での名前はオリンピックとの混同を防ぐために極東大会とも呼ばれた。

嘉納の最大の功績は発展途上国から先進国に向かう日本人のために「国民の体育」という概念を作ったことだ。ところが植民地のフリピンや中国の上海租界で、植民者が作った立派な都市施設の中で発展してきたスポーツが嘉納の頭にはしっくり来なかった。

それが中国、フィリピンの民衆にはナショナリズムの発露であることは頭では理解しても、日本は自力で国家を作るために「体育」が必要なのだと考えていた。アジアのナショナリズムとの合流に関心は薄かったといってよい。

嘉納が岸にバトンタッチした理由

まだ少しアジア大会の話を続けよう。大正九年、嘉納はアントワープ大会から帰った直後、第四回マニラでのアジア大会への不参加を決めた。これには地方の体育団体から嘉納に不満の声が上がった。この不満を聞いて嘉納は、日本の運動界が変わって来たことを感じざるを得なかった。アントワープ大会から帰国して一カ月もしない内に嘉納は副会長の岸清一に会い、体育協会会長の後任になってほしいと頼んだ。

岸もその時期が近いことは理解していた。「微力な私に務まるか分かりませんが、全力を尽くします」と語っただけであった。

嘉納の退任を杉村が勧める

嘉納の体協会長辞任には、ヨーロッパから帰国していた杉村陽太郎の示唆が関係したという話がある。

杉村が嘉納を訪ねたのは、岸にバトンタッチを依頼する一月前だったという。

大正九年のことである。杉村は国際連盟から日本に一時帰国していた。

杉村は前年には『果して大国は醒めたりや』という本を出し、話題になっていた。杉村には第一次大戦後の世界に国際連盟が新しい平和像を切り開くという気負いがあった時期である。

杉村は嘉納に第一次大戦の結果、二つのことが明らかになった、と欧州での経験から得た視点を伝えた。

一つは「貴族の没落」だ。ロシアのロマノフ朝、オーストリアのハプスブルグ家、ドイツのウィルヘルム二世、これら中世から続く欧州の支配が消えていった。「これら国王だった貴族だけでなく、貴族階級は地位や名声が大きく後退した。名前は残っても国を動かす力としての地位を失った。それに代わって世界の主人公として踊り出たのは人民という存在です」。

嘉納は苦い顔をした。それは杉村の考えが社会主義に近いのではないかと直感的に感じたからだ。嘉納の年代では、まだ九年前の大逆事件の記憶が生きていた。明治天皇の暗殺を企てたという理由で、幸徳秋水ら社会主義者十二人が死刑、他にはじめ死刑の判決を受けた十二人が減刑され無期懲役になった事件だった。

しかし杉村は嘉納の前では遠慮なく「人民」という言葉を使った。「彼らの持つ輿論というものは大戦前までは、ほとんど力を持つことはありませんでした。今次（第一次）大戦も国王とその側近の意思で数千万人の人間が動きました。しかしロシアもドイツも戦争で負けたのではなく、輿論のちからで内部崩壊したのです。政治家だけではなく、すべて上にあるものは下の者の意見を聞き、その動向によって決定される時代が間もなくやってくると思います」。

嘉納は「もう一つのことは何か」と促した。

杉村はそれはアメリカだと言った。「世界の中心がアメリカに移ったのです。表面だけをみれば大英帝国は未だ健在であり、世界はヨーロッパを中心に動いているように見えるかもしれません。しかし世界におけるヨーロッパとアメリカの地位は全く逆転したのです。普通なら一世紀かかってなし得ることが、わずか数年にして一挙に出来上がってしまったのです」。

欧州の大国は、一挙にアメリカに債務を負う国になった。事ここに至ったアメリカの豊かさを杉村は「アメリカはピープルの国です」と見抜いていた。ピープルの日本語訳は「人民」である。

「これからの世界は人民の世界であるといえるでしょう。人民主導の世界では、まず指導者の交替が行われます。敗戦国では当然のことと思われますが、あれほど偉大と思われたウィルソンすら、戦後のアメリカでは拒絶されました。フランスのクレマンソーも選挙で敗れました。イギリスのロイド・ジョージが政界を去るのも、もう時間の問題でしょう。世の中はわれわれ日本人が考えている以上に一変したのです」。

嘉納には図星だった。嘉納は時の政府と意見が食い違ったことは多多あったが、明治天皇とともに国を作ってきた自負はあった。広瀬武夫（中佐）らの弟子を日露戦争で失ったときも動じなかったのは、天皇のためだった。しかし杉村は日本でも時代が変わると言い切ったのだ。

日本でも大正を迎えて運動は、戦争のための体格の向上の時代が終りつつあった。「人民」の楽しみのためのスポーツが広がっていた。そういう青年は親の金を使ってでも国際大会に出てみたい。だから嘉納が体協会長として第四回のアジア大会への参加を断ったことに、地方から不満が出たのだ、と杉村が言いたかったのだと嘉納は悟った。嘉納ほど頭が柔軟な人物はいない。

しかも杉村は帰りがけに「私は、先生にこのような高言をすることの非礼を万々承知の上で敢えて豪勇を決意し、お伺いいたしました。どうぞ、お察しください」と述べて辞した。

嘉納が数日後体協会長を七歳若い岸に譲る決断をした背景には、この日示された杉村の時代認識があった。これは『１９３６年ベルリン至急電』にある話である。

とはいえ杉村の時代認識は、日本で最先端を行くものであった。嘉納の周辺では時に奇跡的な人間関係があったが、嘉納が国際大会での責任者ではなくなる体育協会会長の辞任の裏にスポーツでも「人民の時代」が来たことを告げる人物がいたことは偶然とは言えまい。

嘉納は岸に交替したとはいえ体協の名誉会長であり、国際大会にも関わっていたが、大切なことは、この段階で「人民の時代」とまさに人民主導でスポーツ大国に成長してきた米国、中国、フィリピンを認識したことだ。これはオリンピックが欧州貴族のクーベルタンの思想から、アメリカと「人民」のスポーツの時代に移ることを、嘉納が受け入れたことの裏側でもあった。

杉村という予言力に富んだ知識人はスポーツでも日本がアジアの盟主（これを杉村は「大国」と呼んだ）になるには、中国とフィリピンという「人民の国」を抱き込まなければならない。これは「東京」大会がアジア初のオリンピックとしてヨーロッパの中心のＩＯＣ委員に歓迎されるためには、中国、フィリピンの賛成を得なければ大義名分も立たない――という一九三六年のＩＯＣベルリン総会で嘉納と杉村が追い込まれる苦境を予言しているかのようである。

そのためにも、もう少しアジア大会の話を続けなくてはならない。

大会会長の王正廷は力を入れざるを得なかった

大正十年上海で開かれた極東大会では中国のＩＯＣ委員王正廷がスポーツ界でデビューした。王はパリ講和会議以来、中国の有名な外交官だった。この時王は政治家としては失脚中で肩書は紡績会社の社長だった。しかし野心を失っておらず上海大会の成功は王の将来にとって重要であった。

王正廷

なにより、その時中国の敵・日本との関係を王がどうさばくか中国国民が注視していたからである。

王は蒋介石の権力が確立すると外交部長になり様々な交渉で日本と丁々発止の論争をする。

王の鮮烈な外交デビューは第一次大戦直後のパリ講和会議だった。それは一九一九年（大正八年）一月十八日に始まり六月二十八日まで続いた。この時王と顧維鈞はヤングチャイナと呼ばれた一群の中国外交官の代表だった。日本をきりきり舞いさせたが、結果的に王は敗れた。講和条約でドイツの権益が日本に受け継がれたのに怒り、署名を拒否し帰国したのである。これで王の名が中国人に広まった。この時の中国政府は袁世凱政府だったから、王は袁世凱政府の外交官だった。日本にとって最大の敵であった。日本のジャーナリズムは王のことを、そうみていた。

王は浙江省の豪商の子として生まれた。清朝時代に天津北洋学堂で学んだがやがてＹＭＣＡに入って、すでに盛んになっていた日本留学生にキリスト教を広めるために日本にやってきた。日本に二年間滞在し教会を作った。そして日本語も覚えたのである。

その後米国に渡りミシガン大学で法律を学んだ。エール大学では政治学を勉強するのである。

一九一一年に上海に帰った王は中国キリスト教青年会の代表幹事になっていた。

辛亥革命がおきると王は革命勢力に加わる。第一回両院議員選挙で参議院に立候補し当選した。参議院二七四人、衆議院五九六人合計八七〇人のうち、日本留学経験者は二三四人である。このうち嘉納が中国人留学生のために作った宏文書院出身者は二十人いた。

王は留学生ではなかったから、この数字には入っていない。ここから始まった日本との関係が、このあと数十年に渡る王の経歴を彩る。

二十一歳で参議院副議長になるが、スポーツにも力を入れ出す。中国の複雑な政局の中で外交官として活躍するために袁世凱の北方政府に入ったり、南方（革命）政府に戻ったりした。中国で最初のIOC委員になっている。

王は上海大会で、運営に今の言葉でいえば米国系の企画会社を使った。このため運営はうまくいかなかった。審判の手際も悪く競技大会としての評判は悪かった。

しかし王、ヴァルガスの名が岸や嘉納の頭に入った大会になった。大正十年のことである。

第八章　ＩＯＣ委員に副島が就任

広田外交が始まった

日本外交には大きな転機が訪れていた。斎藤政権で広田弘毅が内田の後任の外相に決まったからだ。広田が外相を引き受けたのは昭和八年九月十四日だった。

広田は斎藤首相に条件をつけていた。第一に外交は連盟脱退の後、天皇が発した「詔書」を基本として国際友好に尽くす。第二は外交は外相が主導し首相は出来る限りこれを支持する。つまり首相は軍を抑えて外交を復活する――という意味である。「詔書」とは杉村の紹介の部分で書いた、あの国際連盟脱退の「詔書」である。

広田は国際協調に戻ろうとした。

具体的に広田が考えていたのは中国に満州国を承認させた上で日満支の友好を目指す一方、ソ連との衝突を避け、ソ連が持っている北満鉄道の買収を目指した。広田は十月二十一日の閣議で外交方針を「国際関係は世界平和を念とし外交手段によりて我方針の貫徹を計ること」との閣議了解に持ち込んだ。これを政府声明として欧米ソ（世界）を視野に、日本・満州国・中国の三か国との友好関係を築きたいと訴えたのである。

これは中国と戦争をしないことを軍部（陸海軍大臣）に飲ませたことを意味する。数ヶ月前まで軍部が中国と戦争していた状況を逆転させたのである。その方針転換に就いて日本の朝野は驚いた。それには広田という無名の外交官が軍部をどうして説得できたのかという驚きも含まれていた。

広田外交は画期的だったのである。

オリンピック招致運動には決定的だった。

東京大会について、内田前外相は昭和七年七月十二日に永田東京市長から招致の協力要請があった段階で海外三十四の在外公館に、他国の外交官が話題にした時には、東京大会に「声援を与える程度」で取り計らえとの文書を送った。

これに比べ広田は最初から東京招致への考えは違っていた。就任後すぐに杉村から東京オリンピック招致が国際協調に格好の話だとの指摘があった。杉村自身のイタリア大使就任の自薦があったこともあるが、平和を表明する新外交の中で、推進せざるを得ないと考えた。スポーツと外交が第一次大戦の後、関係が深まってきたことをオランダ公使として目の前で見てきた成果でもあった。

杉村、イタリア大使になる

杉村が嘉納に「私のローマ大使が決まりました」と発令前に報告したのは十月の初めだった。広田外相に「君はイタリア語も出来るのかと言われましたよ」と付け加えた。外務省屈指のフランス語使いと言われた杉村はジュネーブで勤務の間イタリア語も勉強はしていたのだ。とはいうものの杉村がイタリア語のことを持ち出したのは、杉村が広田にこのオリンピック招致が日本の外交に戦略的な意味を持つと売り込んだことを嘉納にあからさまに伝えたくなかったからである。

杉村のムッソリーニ説得の思いは嘉納、副島より深かったのである。奇策だけに絶対に失敗できない、と杉村は決意していた。

広田からイタリア大使に指名された杉村は決意を新たにして昭和九年十月四日嘉納、副島に送られて東京駅をたった。

三人はいよいよ決戦の時がきたと感じていた。というのもオスロ総会では「東京」が狙うベルリンの後つまり一九四〇年（昭和十五年）のオリンピック開催地が決まることになっていた。そのＩＯＣオスロ総会が開かれる昭和十年二月二十六日まで五カ月もなかったのだ。

この時、三人は五ヶ月の間にローマを降ろす攻略に焦点を絞っていた。

杉村は国際連盟の上司だったドラモント（脱退の時の事務総長、イタリア政府からの出向）を通じてムッソリーニに直接会ってローマの立候補を降りてもらうことから着手した。

一方、副島はムッソリーニに会うことについてまず顔のきくイタリア駐日大使アウリティ男爵に頼むことにした。その後、ローマで杉村に会って、それからロンドンを回ってオスロ総会に臨む考えを杉村に伝えた。

杉村は副島に、オスロまでの旅で、英国政府を攻略するよう、水を向けた。英国はまだ英連邦の盟主だった。IOC総会で英国の意向に従う国は多い。特に小さい国に英国の影響力は抜群だった。副島は若い頃英国に留学していた。副島は英国との交渉に自信を持っていた。副島は体調は完全でないところがあったものの全力を尽くすことを約束して杉村を送り出した。

十二月十日には副島は牛塚市長、永田前市長、平沼体協副会長、そして嘉納を招いて会食した。アウリティ大使には出発の前に再度、ムッソリーニとの会見を頼む熱心さをみせたのである。

副島が日本をたったのは十二月十三日。いよいよローマに着いたのは昭和十年一月十四日だった。

昭和十年の初め、日本の外交は一昨年九月に斎藤内閣の外相となった広田の下で比較的安定していた。斎藤内閣は九年初めに突如起きた帝人事件という疑獄事件で七月三日に総辞職した。しかし間もなく後継首相には斎藤と同じ海軍出身の海軍大臣、岡田啓介に大命降下した。広田は引き続き外相になった。

岡田の首相就任に新聞も驚いた。政党にはまたも政権は戻ってこなかった。特に政友会は鈴木喜三郎総裁への大命降下を工作していただけに落胆した。

岡田は斎藤と似通った経歴だけに小物と侮られた。しかし斎藤政権から引き継いだことが多く、それで東京大会招致には支援を続けていたのである。

しかも岡田政権は帝人事件で倒れた斎藤が決めていた。西園寺公望が重臣会議を新たに作り、その決定で決めた形をとった。この方式の最初ではあったが、この時は前首相の斎藤が岡田に政権を譲る装置として働いた。岡田内閣は政友会三人、民政党二人が入閣した。斎藤内閣に政友会四人、民政党三人が入ったのと似た構造だった。

政友、民政両党にはまたも政権は戻らなかった。岡田政権は斎藤政権以上に政党の恨みを買った。このため天皇機関説事件など、議会のファッショ的運動に岡田は曝される。そして社会もファッショ化するきっかけになるのである。

これも首相になった岡田が予想以上に海軍伝統の米英協調の考えを持っていたことが分かったことに対するイジメに近い攻撃だった。じつは岡田は若いだけに斎藤以上に視野が広く、革新的であった。昭和十一年一月議会を解散した際、革新政党を応援している。選挙資金も出したが、当時の選挙では内務大臣が警察に選挙妨害しないよう手配すれば当選させることが出来た。この結果、社会大衆党の十八人が当選した。

こうしたことも岡田内閣が二・二六事件で襲われる原因になるのだが、斎藤、岡田内閣の歴史的役割についての研究は始まったばかりである。しかも斎藤内閣の後半、外相となった広田弘毅は、引き続き岡田内閣でも外相になる。そして二・二六事件後に岡田に代って首相となる。この広田外交の間、中国との関係はなんとか平穏を保つ一方、広田と中国国民党とのパイプは両国民が知らないところで深くなっていった。

外交に強かった副島

東京大会と国際関係の変質を最も敏感に見つめていたのは嘉納、杉村より副島であった。外交に通じた貴族員議員の経歴が世界の変化を見逃さず、招致成功に予想外に役立った。

広田の外交は軟投型である。ちょうど副島が出発の準備をしていた九年十二月には北満鉄道をソ連から買い取る交渉にメドをつけた。明けた一月十日には国際連盟に南洋委任統治領の継続を認めさせている。国際連盟に復帰したわけではないが実を取った。

そして広田は一月二十二日には議会で日華親善論を発表した。二十五日には広田の在任中、戦争はないと明言し、自信を示した。自信とは軍部を抑えると同時に、中国との外交パイプが詰まっていない自信である。

杉村を駐イタリア大使に送ったのは広田である。しかも九年末になり副島が本格的に動き出すと英国大使などが協力している。副島の幅広い友人関係が効果を現したのは事実だが、広田外交の下では外務省も東京大会招致を国際協調のための一つのツールとして考えていた。そうでなければローマ大使としての杉村がムッソリーニに直接会って、イタリア国内の政治問題になりかねないローマのオリンピック候補地撤退など頼めるはずがないのである。

副島の苦悩

「東京」指名がかかったオスロでのＩＯＣ総会は目前であった。この時のオスロ総会は事前の段階では、こういう段取りだったのである。「東京」招致はここでサドンデスの可能性があったのである。ローマ問題は紀元二千六百年の昭和十五年に東京でオリンピックを開催するためには避けて通れなかったが、ＩＯＣ委員の票を集めるためには英国と英領諸国、米国と中南米諸国、欧州諸国など、どこからでも票をかき集める必要があった。しかもアジア最初の大会を東京で開く大義名分のためには先に中国とフィリピンというアジアのスポーツ先進国の支持がほしかった。

こうした全体作戦を政府から請け負ったのは、嘉納でも、杉村でもなく、一番遅くＩＯＣ委員になった副島であった。

ところが副島という人物は外交に強い貴族院議員であったが、政党人でも官僚でもないため政治や外交のなかに責任者として足跡を残すことはなかった。このため当時の国際関係にどういう考えを持っていたのか、とくに戦後になると外交界からもスポーツ界からも忘れられてしまった。

副島と杉村がムッソリーニに突撃する前に副島の経歴と思想を跡づけせざるを得ないのはこのためである。

副島の思想は

副島道正は岸が没した後、だれが考えても日本のＩＯＣ委員の唯一の有資格者ではあった。たとえばＩＯＣが欧州の貴族の集まりであった現実の中で、日本バスケット協会会長でありながら伯爵であったのは副島しかいなかったからである。

しかし、そんなことだけで東京誘致問題を抱えたＩＯＣ委員が決まるはずはない。副島は明治四年に外務卿となり台湾出兵の際、特命全権大使として清国と渡り合った副島種臣の嗣子であるから伯爵だったが、貴族院議員としては爵位の一代限りを打ち出すなど貴族院で何かと異端視された。へそ曲がりとも見られていた副島を支持したのは、副島との長年の付き合いで副島の見識を知っていた時の斎藤首相しか考えられない。

斎藤とどういう関係だったのか。斎藤は海軍最高の軍政家であった。軍艦に乗って海戦を指揮する事で実績を上げるよりも、国際関係を読んで軍艦の量と質を整える官僚である。おのずと外交とは関係が深い。

一方、副島道正は明治三十八年に父副島種臣が逝去し、伯爵を継いだ。しかし、その数年前から副島は東邦協会という団体で幹事の資格で外交、軍事について異色の発言をしていた。実務経験が何もない三十一歳の若者が堂々と諸説を述べた。そこには父の威光が働いていたであろう。副島はリベラリストで平和主義者であるが、世界は帝国主義の時代であり日本が帝国主義に乗り出した以上、海軍力でバランス・オブ・パワーを図ることが平和の道と信じるようになっていた。

この頃斎藤は、山本権兵衛が握っていた海軍で海軍次官として日露戦争に間に合わせるため連合艦隊を整備する重大任務を帯びていた。そこで海軍力を重視する副島とは連絡があったようだ。

日英同盟が締結された後、日本の朝野には安心感が流れた。駐英大使として日英同盟を結んだ張本人・加藤高明は初め「日英同盟成立する今日に於いて日露の衝突の恐れなし」と語っていた。日英同盟は結ばれた当初、戦争抑止という名目で結ばれたのである。加藤は東邦協会副会長で日英同盟を締結した実績で出世の糸口を掴んだ時期だった。

これに対して副島は同じ東邦協会で、「日英同盟はロシアとの戦争を遠のかせるものではなく、戦争を引き起こすものである」。このため海軍の増強を図るべきであるとの論陣を張った。

軍艦を買うことは当時の日本の経済力では大変な負担だった。日英同盟はその建艦費を抑制するという名目で締結され、それで平和が来るならと新聞でも歓迎された。このため当時副島の議論は批判され、新聞でも攻撃された。

この時副島が斎藤に書いた詫びの手紙が残っている。「書生ノ空論タルコトハ何人モ能ク知ル所ニ候へバ、海軍省ニ於テモ左程御迷惑ノ有ル筈ハ無之カト愚考仕候」

海軍省に迷惑を掛けたらゴメンという友人同士の手紙である。副島と斎藤はすでに日露戦争の前に相当親しかったのである。もちろん建艦費を増やすことを政府に求めていた斎藤は、副島の議論を援軍と感じた。

ロシアと英国・日本の海のバランスオブパワーが崩れたために日露戦争は起きたことは歴史的事実である。たしかに日英同盟のために日本は辛勝した。

副島には、日露戦争後、それでは日本は帝国主義に引きずり込まれただけで不幸の始まりではないか。これが副島の外交に対する思考法だった。

そして帝国主義国になった以上、りっぱな帝国主義国になるべきだと説いたのである。日露戦争後大陸経営の名目で、火事場泥棒的な利権漁りを狙う連中が多かったから述べたのである。

副島の事の根本を見失わない思考法は常に敵を作った。日本の国力と文明の進歩のレベルからは無いものねだりをする妙な論者だと受け止められていただろう。

海軍力による戦争抑止論の次は、石油をどう獲得するかに関心を向けた。大正時代に英米の石油支配への対抗策を考え、政府に働きかけていた。原敬だけが関心を示していたため原が暗殺された時に副島は大きく落胆した。

日露戦争に勝った後、陸軍が勝ち誇ったように朝鮮、満州に勢力を広げたことに批判を隠さなかった。しかし帝国主義国になった日本が良き植民地経営をすることは日本の運命に重大な影響を与えると見た。このため満鉄に資源開発で大いに期待している。

副島は右翼的な発想には不快感を持っていた。副島は満鉄調査部が発展した東亜経済調査局の理事を務めていたが、理事長の大川周明の行動には警戒感を持っていた。思想ではなく大川らが神武会という団体を作り、東亜経済調査会の中で活動を行なったことと激しくぶつかった。ファッショ的行動を許さなかった。このため昭和七年嘉治隆一（後に朝日新聞に入る）らとともに東亜経済調査局を去った。これで内定していた満鉄監事のポストも棒に振った。

副島は終生右翼、軍人の行動パターンを嫌った。自らが「右翼の人」に嫌われる理由を昭和七年八月の斎藤実宛の手紙で分析している。斎藤とはよほど近い関係だった。

（一）小生は常に平和主義を高唱する事。
（二）一部の人が伊太利よりムッソリーニを招待せんとするとき小生伊太利大使に勧めてこれを拒絶せしめたる事。
（三）ジャパンタイムズの頭山満特集号に執筆を断りたる事。
（四）爆弾三勇士の銅像発起人たる事を拒絶せる事。

爆弾三勇士とは上海事変（第一次）で爆死の覚悟で鉄条網を爆破、死亡した三人の兵隊のことだが、新聞でも一大キャンペーンが巻き起こり好戦的輿論形成の契機になった。

副島が銅像発起人を断ったのは、リベラルな言説をしていた論者に踏絵を踏ませる右翼的運動のイヤラシさを嫌ったのだろう。

朝鮮自治制で斎藤の同士

大正八年に朝鮮で三・一万歳事件が起きた後副島は朝鮮を視察した。副島は朝鮮を視察し、朝鮮を合併した以上、自治制を敷くべきだとの信念を持つに至った。

斎藤実は二度朝鮮総督になっている。大正八年八月、三・一万歳事件の後の融和を目指して温厚な斎藤が選ばれた。九月に京城に赴任した際、爆弾の洗礼を受けている。

斎藤は昭和二年に体調を崩して辞任する。しかし大正四年再び朝鮮総督となり、そのまま五・一五事件のあと首相になったのである。

海軍の出身なのに斎藤は日本に帰国する時、日本国内の朝鮮人居住地を何度も視察している。統治に本気であることを示したのだろう。

斎藤は朝鮮支配を武断政策から文化政策に切り替え成功した。斎藤自身、文化政策をさらに進め朝鮮に自治制を敷く構想を持っていたが、大正十三年斎藤はその懐刀として副島を「京城日報」社長に招いた。

貴族院議員が植民地の地方新聞社長になることは全く異例のことで、ソウル（京城）在住の日本人にも嫌われた人事であった。

副島は三年二ヶ月にわたり京城日報の社長を務めたが、斎藤が総督を辞任したのと同時に社長を辞任し京城を去った。この間副島は京城日報で自治制の導入を主張した。しかし朝鮮の自治（議会）制が実現しなかったのは歴史の語る事実である。一方、自治制の議論は朝鮮の民族運動の分裂の原因になったという歴史的評価があるが、いまだ定まっていない。

副島の活動は恐ろしく鋭い半面、完全に成功することは少なかった。長い付き合いのあった斎藤が首相になり、「東京」大会の招致に副島を引っ張り出した時も、すでに本人は失敗した政治家という認識をもっていた。いつも正論を吐いてきた自分が政界で煙たい存在であることは理解していた。また猟官運動もしなかったのだから仕方がないと感じていたのだろう。

東京大会も副島は招致に成功した功労者の一人だったが、返上で終わった。先の話だが、東京大会が「返上」されたころの昭和十四年に副島は遺書を書いている。（副島が没したのは戦後の昭和二十三年である。）

「余性来潔癖にして且多数の人と相容れざりしを以って何等蓄財の道を講ぜず。ただ恨む、児等に遺す所の者は負債あるのみ。余は未だ且つて人に謝罪したることなし」と遺書の冒頭で起筆している。

副島の人生は潔癖でもあったが、考えすぎるところもあった。しかし楽観的な嘉納が始めた「東京」招致は、オスロ総会を前に年齢が十二歳若い副島にバトンタッチされたのである。嘉納は老齢であり、杉村は外務省の職員であり、将来どこへ転任の令を受けるかわらなかった。東京大会の閉会まで、招致運動を支えるのは副島と見られていた。勢い副島の双肩にオリンピックの準備、開催、閉会までの全期間の仕事がかかっていたのである。

従来、東京大会の返上に至る過程が政権のどのような発想で進められたのかはっきりしなかった。それは嘉納からバトンタッチを受けた副島の思想と役割が記録に残っていなかったからである。このため焦点ボケの記録しかなかったのである。

副島は生涯に多くの書簡を残している。斎藤に当てたものも多かった。以上のことは趙聖九著『朝鮮民族運動と副島道正』で分かった。

副島はリットンとも知人だった

日本がリットン調査団の報告書の取り扱いから、国際的に孤立し、その孤立感を和らげるために斎藤首相が嘉納治五郎に「国運を賭けて」協力を依頼したのが政府のオリンピック「東京」招致の発端だった。

では日本が孤立した元になったリットン調査団報告書に副島はどう関わったのか。

リットンは七月十二、十四日に他の調査委員といっしょに内田外相と会談した。この時内田は満州国についてリットンを怒らせた。一方リットンと副島は十三日、十四日会談している。リットンは内田を非礼だと怒ったのだ。

副島と知り合いだったリットンは報告書の内容を「どのようにしようか」と持ちかけたという。副島が報告書の内容の全てについて示唆を求められたはずはないが、副島は報告書に日本の言い分を書かせるチャンスと考えた。カンの鋭い副島は「日本（国内の場所）で書かれてはどうか。資料も提供できる」などと誘った。この状況を斎藤に報告し「私の考えではリットン卿を日本に引き留めておいて、我方のアトモスフィアの中で宮ノ下あたりで報告を書かせるようにし、日本から材料の一切を提供したほうが宜かろう」と報告した。斎藤は了解し、副島にすぐに内田を訪問して、説得してくれと頼まれた。副島は二度にわたり内田を訪ねたが、面会を拒絶された。リットンは中国に渡り中国で反日一辺倒の輿論に耳を傾けてしまうのである。

副島は日本がリットンと背後の英国の同情を失った後、日米が対立することを恐れていた。その副島と連盟脱退に恐怖を感じた杉村の二人が「東京」招致に関わったことが偶然かどうかは証拠がない。またこの当時のことを二人が話し合ったと言う記録もない。

期待値を下げる副島発言

ではオリンピック招致運動に関わりだしたころの副島は何を考えていたのか。ものごとを深刻に考える副島は、この構想に失敗したら日本は世界からどう見られるのか。日本はリットン調査団では大失敗して国際連盟から脱退した。しかし日本の世論には国際協調は国家が生き延びる危機管理だという発想が無かった。オリンピックとリットン調査団とは無論話が違うが、政府が失敗するように仕向けるのはいつも右翼だ。副島は紀元二千六百年という年での開催にこだわるのは失敗した時、右翼の攻撃材料に油を注ぐ懸念を、初めから感じていた。

オスロ総会のため欧州に向けて出発の日、新聞記者につぎのように語っている。「いまとなっては日本も到底駄目と思ひます。ムソリニは既にスタデイアムを作ってローマ開催を決定的に導かうとしているのに対し東京は全く手おくれだ。しかし皇紀二千六百年を記念するのに、この躍進の姿を二千名からの外国選手に見せる事は国民外交から云って最も有意義なことですから及ばぬ迄もやって見るつもりです、十二回大会はさらりとあきらめても十三回になれば確実に日本に持ってこられます」(「東京朝日新聞」、昭和九年十一月二十四日)

初めから国民の、いやマスコミの期待値を下げておくに如くはない。副島は外交通らしい発言を用意していた。

しかし副島は心配を払拭してオスロ総会に向けて出発する。途中寄ったローマで杉村と協力してムッソリーニ説得に立ち向かう。ただ紀元二千六百年の東京大会の成否が日本の危機管理にどう関わるのか、後々まで副島を苛むことになるのである。

第九章　ムッソリーニが降りた

副島、ムッソリーニ官邸で倒れる

副島がローマに着いたのは一月十四日だった。冬のローマは予想外に寒い。が副島はそのことをよく知っていた。厚手のコートなど準備もしてきた。

少し目まいのようなものを感じた。歳も歳。旅の疲れだから休んでいれば、明日の朝には直るだろうと、寝巻に着替えてベットに横になった。

ムッソリーニとの会見は二日後の夕方だった。午後六時だから、杉村とは明日会って色々情報を持ち寄ろうと考えているうちに眠った。目が覚めると汗びっしょりだった。普通ではない。病気だと感じた。

しかも時間がたつにつれて、苦しくなってきたのである。翌日になると副島の体温計は三十八度五分を越えてしまった。頭がくらくらしていた。

一月十六日副島と杉村が総統官邸に着いたのは午後五時四十五分だった。杉村は「大丈夫ですか」と尋ねた。副島には悪寒が走っていて顔色も極度に悪かった。

かすかに頷く副島を、杉村が抱きかかえて総統官邸の玄関から控えの間に連れて行ったが、副島はそこで気を失ってしまった。

総統官邸も大騒ぎになった。賓客が急病になり総統と会えなくなったのは初めてだった。秘書たちも副島の病気の発見が遅れたのは自分たちの不手際ではないかと反省している顔だった。

副島はホテルに帰り三時間ほど熟睡した。目を覚ますと杉村がいて老人の医者が立っていた。

医者は「大丈夫です。原因は疲れと感冒です。一月も安静にすれば完全に直ります」と話した。

一ヶ月か。副島は「オスロ総会は二月二十六日だったね」と確認した。杉村は「安心してください。必ずムッソリーニとは再度面会できますから」と話した。

副島はこのあと一週間にわたって昏睡し、生命の危機に陥るのである。

病名は「肋膜肺炎」だった。

杉村はやむをえない公務の間を除いて、副島に付きっきりだった。副島は目を覚ますと杉村に済まないと言い、杉村は「いまは病気の回復だけを考えてください」と繰り返さざるを得なかった。

杉村も高齢の副島の健康を考えなかった不注意を反省したが、ムッソリーニの関心を取り戻すために次の作戦を始めなくてはならなかった。

二月になると陸軍の観閲式が行われた。ムッソリーニの力を見せ付けるためのものであった。各国大使が招かれていた。日本大使の杉村も呼ばれていたのである。

ところがムッソリーニが馬上で行進する頃から霧のような雨が降りだした。大急ぎでテントが張られ外交官ら賓客はテントの下に入った。

杉村はテントの中に入らなかった。各国外交官にはへんな奴だと思われるだろうが、前回のことがあった以上、ムッソリーニに好印象を持ってもらう必要があった。残された時間が少ないのである。

ムッソリーニは馬上からちらっと雨にぬれている大男の東洋人を見た。

ムッソリーニがローマを降りる

副島が倒れて二十日後。二月六日にイタリア外務省から事務官が杉村を訪ねて来た。

「副島伯爵のご容態はいかがか」

ちょうどその日医師が副島を往診した。三十分ぐらいの立ち話なら可能だとの診断があった。杉村はムッソリーニと会えるとの意向を伝えたのである。

「そうであれば二月八日午後六時、総統がお目にかかりたいと申しております」と事務官が伝えた。

副島も「いや、なにがなんでも伺う」と力強い答えだった。

二度目というか、やり直しの会見が実現したのである。

総統と外交官との公式の会見だった。

まず杉村がフランス語でムッソリーニに日本の置かれている状況を説明した。

「副島伯爵がここに来たのは、一九四〇年が日本では紀元二千六百年に当たり、是非東京でオリンピックを開きたいと思っている。しかしローマもまた一九四〇年のオリンピックを開きたいという希望を持っている、と聞いている。副島伯はローマの予定を四年間延期し一九四〇年は東京に譲っていただけないか、ということをお願いにきました」。

そして杉村は副島に「どうぞ英語で御願いの主旨をお話ください」と促した。

副島は声に力は戻っていなかったが、はっきりと東京開催の狙いを述べた。「オリンピックは世界の物であるのに、まだアジアで行われたことはありません。東京でオリンピックを行うことは、ヨーロッパやアメリカの青年にアジアを見てもらうことであり、アジアとヨーロッパ・アメリカとともに手をとって、世界平和に向かうことでもあります。ご協力ください」。

ムッソリーニは杉村のフランス語も副島の英語も理解したようであった。

ムッソリーニはフランス語で答えた。

「貴方の主旨は日本にいる大使のアウリティから聞いている。貴方の申し出はよく了解した」。

そしてムッソリーニは自分から副島に近づいて手を握って今度は英語で「ウイル・ユー、ウイル・

ユー（そうしなさい）。ザット・イズ・ザ・ポイント」。

ムッソリーニが二人のサムライと誉める

会見は十五分かかるか、かからないかで終了した。ムッソリーニは出口まで二人を見送った。その途中で杉村に「今日、私は二人のサムライに出会った」と上機嫌だった。

副島も杉村もこんな展開は予想していなかった。二人はほっとして、放心するようだった。官邸玄関で車に乗り込むとき副島の足はよろめき、杉村の手を借り倒れこんだ。杉村は副島の体を再び心配した。

たしかにこの時の会見は、このようだったのだろう。ムッソリーニも大政治家としていかにもイタリア人らしい度量を見せた。しかし、直後に杉村が広田に打った電報ではムッソリーニは交換条件を出していた。杉村は外交交渉をしていたのだ。会談には外務事務次官スウビッチが同席して、極めて外交的な会談だった。

その電報の内容はつぎのようだった。

『「ム」ハ伊国側ハ徒ニ事ヲ面倒ナラシムルヲ避ケ『オスロ』会議ガ若シ一九四四年ニ羅馬開催ノ宣言ヲ為スニ於テハ一九四〇年ハ快ク東京ニ譲ラント言明シタルハ其ノ好意ヲ謝シ伊国側ニシテ斯ル友好的態度ニ出ラルルニ於テハ右宣言ノ成立ニ欣然全幅ノ支持ヲ与エント約シ極メテ朗ナル気分ニテ会

見ヲ終レリ」

つまり杉村はＩＯＣが一九四〇年東京、一九四四年ローマ案を考慮すれば、全力で協力するとの密約を結んでいたのである。密約が結ばれたのがムッソリーニ、副島会見の場であったかどうか定かではない。直前か直後に杉村がムッソリーニ官邸で話を付けたのであろう。広田外相には直接連絡した。広田は「東京」開催を誰よりも心待ちにしていた。

杉村は当然のことながら「東京」招致はこれで外交案件になり、広田外相が陰に陽に応援することが「東京」招致の成功の最大の要因になると考えていたと推測できる。

東京とローマとヘルシンキに絞られた

ムッソリーニと会ってから副島は再び病床に着いた。副島はオスロ行きを諦めざるを得なかった。それだけでなく英国でオスロ総会での協力を依頼することも出来なくなった。当時はオスロで「東京」とまだ残っていた八カ所の候補地に決着がつく予定だった。病気になり英国に行けなかったことは、副島の誤算だった。

副島は杉村に「オスロには一人で行ってください」と頼み英連邦については「今私に出来ることは、カナダの太平洋汽船専務のロス・オーエンがローマに来ているので手紙を託すことです。オーエンのボスはサー・マクラレン・ブラウンでカナダＩＯＣのボスになっています。ぜひローマでオーエンに

THE TOKYO ASAHI SHIMBUN

東京朝日新聞　夕刊

伊國快く讓步し
"東京"支持に決す
オスロへ訓電飛ぶ

オリムピック

全然無條件で讓步
殘るは芬蘭との爭奪

四四年大會は
羅馬を希望

イタリアが降りた記事／昭和十年三月一日の「東京朝日新聞」

会っておいてください」と杉村に手紙を手渡した。

杉村は一人で、決戦のオスロ大会に向かわなくてはならなかった。さすがに不安だった。しかしムッソリーニの了解を得たことを隠す戦法はとらなかった。気の変わりやすいイタリア人のことだ、独裁者のムッソリーニが考えを変えてもだれも抑えられなかった。

むしろ日本の新聞にムッソリーニの厚意を書かせて既成事実にした方が良い。イタリア国民がどう考えているか反応も分かると考えた。

ローマの二十七日の段階で日本人新聞記者に伝えた。三月一日付けの日本の新聞には「ローマは下りた。東京いよいよ有望」の記事が紙面を飾った。「東京朝日」は見出しで「伊國快く讓歩し〝東京〟支持に決す」と踏み込んだ。

二月二十六日のオスロ総会にアッピールするため日本の国会では二十三日に衆議院で、二十五日には参議院ではどちらも全会一致でオリンピック経費補助建議案が通過していた。

ではこの時、オスロでの票読みはどうなっていたのか。

会議前に他の国は政治・経済情勢の変化から意欲を失い、東京、ローマ、ヘルシンキに絞られたのである。

結局、ローマが降りれば即、東京とヘルシンキの一騎打ちが予想されたのである。そこに杉村は一人で臨んだ。

杉村、密約を明かす

杉村はオスロでのＩＯＣ大会を前に焦燥感を感じていた。とにかくムッソリーニから貰ったチャンスを生かさないわけにはいかなかった。

二月二十六日、ＩＯＣ大会はオスロのオスロ・グランドホテルで開会された。開会を宣言したのはＩＯＣ会長のラトゥルである。「一九四〇年大会の候補地はローマ、東京、ヘルシンキである。次期開催地を決定するために、それぞれの代表は希望する理由を説明して欲しい」と述べて席に着いた。

最初に発言したのはイタリア代表のボナコッサ伯爵だった。杉村はボナコッサの話に耳をそばだてた。ムッソリーニの約束どおりローマが降り、代わりに一九四四年の候補地に立候補したいと言ってくれたら、大成功。しかしイタリアという国ではムッソリーニの命令がすぐに下まで届かなかったり、担当者のメンツを守るのは許されるラテン気質があることを、杉村も知っていた。まあ、とにかく聞こう。杉村は自分を落ち着かせた。

ボナコッサは「ローマはすでに三回もオリンピックに立候補し、いつも高い支持を受けてきたが不幸にも諸事情が重なって、今までオリンピックを開催することが出来なかった。今、イタリアはムッソリーニ首相の方針により挙国一致の体制でスポーツに力を入れていることは、ご存知のことと思う。ローマのスポーツ施設や地理的な面については今さら説明の必要もないと信じる」と自信満々の演説をして席に着いた。

杉村は少し落胆した。次は自分の番だがムッソリーニとの約束を話すほうが良いのか悪いのか。ボナコッサの面子を潰してもここでムッソリーニとの約束をばらすべきなのか。しかしIOC大会のプロトコールに合わなくても、すでに日本の新聞に話したことだ。日本から駆けつけた新聞記者がいるのだから話さざるを得ないと覚悟を決めて、立ち上がった。

「一九四〇年が日本では紀元二千六百年に当たり、是非東京でオリンピックを開きたいと思っている。日本は一九一四年以来、常に地球を半周してオリンピックに協力してきたが、アジアではまだ一度もオリンピックが行われたことはない」と強調した。

「この度、わが国の熱意がイタリアに伝わり、イタリア側から騎士道精神によって東京開催が認められた、という報道が日本に伝わると、日本では帝国議会が満場一致の決議をはじめとして歓喜の声が巻き起こった。東京は純正アマチュアリズムの精神でオリンピックを行うのに最もふさわしい都市であると信じる」。

委員たちは日本人にもこんな大男がいたことに驚いたが、その大きな声で「イタリアが東京開催を認めた」との部分で、驚きの声が漏れた。百戦錬磨の大国代表は、杉村が出すのが早いなと驚き、小国は訝った。杉村は国際連盟でよく見た反応だが仕方ないと感じて、重い体でイスを軋ませた。

次にヘルシンキのＩＯＣ委員、クロギスが立ち形どおりの説明をした。

ラトゥルが怒った

議長席のラトゥルは困惑していた。杉村が相談せずに第一日からイタリアとの秘密の了解を持ち出してはぶち壊しだ、と怒った。

「本日、午後二時から再び会議を行います」

しかし午後の会議では一九四〇年の開催地の議題はなかった。そして「結論は三月一日だ」と宣言してラトゥルは不愉快そうに出て行ってしまった。

この日の展開には杉村も当惑した。ラトゥルが完全にへそを曲げてしまったことだ。

ムッソリーニの約束をイタリア代表が口にしないことは、予想しないでもなかった。杉村も国際会議屋である。二日目の会議で切り出すべきだったかと悔やんだ。しかし、そんな事いってられなかった。

会場では、杉村の密約公表でまさに会議は踊っていた。杉村は日本に理解のある米国のガーランド、知り合いのフランス代表ピエトリを探した。どちらも見つからなかった。

ところが思いがけない人物に出会った。それはロドロというイタリアの外務省職員だった。杉村の国際連盟時代、事務局の一人として六年間も一緒に働いていたのだ。杉村の眼はイタリア人はいないかと眼で追っていた……ロドロだ、と引き付けられた。そしてロドロは昔なじみの巨体が近付いて来るのに気付いた。

「日本代表がムッシュ・スギムラだとは、昨日までは知らなかった。日本は苦戦ですね」。

杉村は、君はいま何をしているのだ、と聞いた。ロドロによると今では駐ノルウェー公使だった。だから首都オスロにいるのだ。しかしムッソリーニとはよく知っている、と言った。

本当か。本当なら、地獄に仏である。

杉村はロドロに副島とともにムッソリーニの所に行ってローマの一九四〇年大会辞退の約束を得たいきさつを話した。そしてロドロの手を握って「このままローマが決まったのでは、私は自殺するしかない。今すぐにムッソリーニに連絡できるのは君しかいないのだ」と連絡をたのんだ。「ムッソリーニの考えをボナコッサ伯爵に伝えてくれ」といった。

ロドロは「ムッシュ・スギムラ。またセップク（切腹）ですか。大丈夫ですよ。イタリアでは良くあることだ」と言って会場から消えた。

一方ボナコッサ伯爵もパーティーで近寄ってきた。そして、すでにローマ招致に関するパンフレットは数十万枚も出来上がっている。ローマの観光業者は、十年間もオリンピックを待っていた。すでにラトゥル議長のところに届いている手紙投票は二十数カ国になっているが、その大半がローマであることを信頼すべき筋から確認している……等々、文句を言った。

杉村は黙しているしかなかった。

杉村は頭を抱えた、このまま三月一日の会議になだれ込めば日本は票決で負けるだろうと思った。会場を歩いていると多くの国の代表から「ムッシュ・カノーはなぜいないのだ」とか「病気なのか」という質問が飛んだ。杉村には嘉納の力を思い知った。一番のポイントの会議で日本は嘉納治五郎を送ってこなかった。これが各国代表には、日本は真剣さに欠けると見えるのかもしれない。

会議が開かれる前日の二十八日の夜、ドイツ公使館でパーティーが開かれた。杉村はロドロに柱の影に呼ばれた。ロドロは「ムッソリーニは正式に貴方の言い分通り命じました」。

そのボナコッサ伯爵がシャンペンを煽っていたのが、ムッソリーニが命令を下したことの証拠かもしれないと杉村は感じたが、話はしなかった。

むしろラトゥルの方が近寄ってきて意味のあることを語った。

「聞くところによるとイタリアでは政治がＩＯＣに介入し、不明朗な方法で不本意な決定を迫られているようなニュースが流れているが、もしこれが本当とすれば、実に遺憾なことだ。そうでないことを私は信じる」。

もちろんロドロがムッソリーニを動かしたことを指していた。不満があるボナコッサ伯爵がラトゥルに告げ口したと考えるのが常識だろう。

杉村はラトゥルに弁明した。「それは誤解であると思います。私はイタリア大使でありますので、ムッソリーニに会ったことはありますし、日本にとって紀元二千六百年は二度とない重要な年だということを申し上げたことはあります。それにアジアで初のオリンピックが行われるのは歴史的に意義がある。それはクーベルタン男爵の理想にも適っている。そうムッソリーニに語っただけで、それ以上のことはありません。ムッソリーニとボナコッサ委員との関係はイタリア内部のことで私は関知しないことです」。

ラトゥルはますます不愉快な表情を浮かべた。「私も二十年ほど前だが日本に行ったことがある。ローマに比べて、日本のスポーツ施設が貧弱であることは目に見えている。日本は強引な横車を押すべきでない」と話しざま歩いていってしまった。

これが杉村の一生の中でラトゥルと会話を交わした最後になった。杉村にも、そうなる気がしたが、その晩はラトゥルの真意を分析するために眠れなかった。

東京とヘルシンキの対決は一年延期

三月一日、会議は始まった。ラトゥルは突然議長をイタリアのボナコッサに譲った。進行議長になったボナコッサは「私個人の意思で一九四〇年大会のローマ立候補を辞退することを申し上げる。立候補地として残ったのは東京、ヘルシンキの二都市であるが、この二都市に賛成の者は、その賛成理由を説明してほしい」

スウェーデンのエルドストロームとドイツのレワルトが東京に賛成した。ヘルシンキを支持したのはギリシャ、デンマーク、オランダ、ラトビアの欧州四ヵ国だった。次はどこかの国に東京を支持してもらう必要があった。しかし杉村はその工作をしていなかった。冷や汗が出た。

その時フランス代表のピエトリが手をあげ動議をだした。東京、ヘルシンキの決着は来年開かれるベルリン大会の際に決めればよいではないか。

その理由は「郵便投票はローマ辞退を知らずに投票したものである。条件が変更されたのだから無効である。一九四〇年八月まではまだ五年半ある。この場所では一時決定を延期し一九三六年のベルリンで最後の決定がなされるべきだと、ここに提案する」。

杉村は日本人記者がいたので形式的に少し反論しただけだった。

ピエトリの発言にスイス、ノールウェー代表が賛成演説。一挙に雰囲気は一年延期に傾いた。最後はラトゥルが一年延期に賛成し、オスロ大会は終った。

とにかくローマに降りてもらうことに杉村は成功した。ピエトリも国際連盟での友人だった。しかし苦い成功であった。

翌日の記者会見では適当に話しただけだった。日本の新聞は東京は有望とすでに書いているので、決定が一年（実際は一年半）延びたため、記事の差し替えに大忙しだった。

白鳥敏夫も動いていた

オスロからローマに帰った杉村は副島に謝った。ＩＯＣ総会を紛糾させてしまいラトゥルを怒らせてしまったからだ。

副島は大会の雰囲気を知らないのだから、杉村は副島の病室で自分のしたことを十分報せなくてはならない、と思った。副島は「病気とは言え私が行けなかったので君に迷惑をかけた」と謝った。杉村はローマの辞退は取り付けたが自分がいてはラトゥルの怒りは収まらないからＩＯＣ委員を辞任すると伝えた。副島もこれには答えなかった。

副島は「ＩＯＣの背景で何が起きているのか分析しようではないか。そうでないとせっかく得た一年後のチャンスを失ってしまう。その分析が出来るのは君しかいない」と語った。

杉村は副島が冷徹な外交分析家であることに改めて驚いた。

杉村は会場には駐スウェーデン公使の白鳥敏夫も来ていて杉村を助けてくれたことも副島に説明した。イタリアのムッソリーニ側近、駐ノルウェー・イタリア公使のロドロに、ムッソリーニに直接連絡をとるように強く迫ったのは白鳥だった。そして白鳥はスウェーデンの隣国ともいえるフィンランドの委員にフィンランド政府を通してヘルシンキの辞退を申し入れたが、断られたことも報告した。

「これがＩＯＣという世界では政治の介入と受け止められたのだろう。ラトゥルが怒ったのもそこだ。あの段階ではオスロで決着が着けば、仕事の失敗だからと私も焦った。そこで白鳥に頼んだ。外交交渉をしてしまったんだ」。

杉村は照れたような笑いを浮かべた。

副島は「白鳥君は私の役割を果たしてくれたのだからしかたない。あのまま採決に入ったら、ヨーロッパの小国はヘルシンキにいれて日本は負けただろう」との見方を示した。

しかし杉村には白鳥の動きが、副島には面白くないのを知っていた。副島がリットン調査団への対応の中で外務省幹部として最も警戒を強めたのは白鳥だった。外務省のファッショ化の先導者とみていたのだ。それは五・一五事件の後、外務省情報部長を務めていた白鳥が芳沢外相を無能であると非難し犬養首相没後の新政権を政友会を中心にした協力内閣が望ましく荒木貞夫陸軍大臣を首班にすべきだと主張した。白鳥の理論は外務省の〈政治部門〉である情報部長の横車的発言として政界でも知られていた。それは五・一五事件をクーデターとして追認することを意味していたため政党からも警戒されていた。

そのうえリットン調査団の来日では、白鳥が調査団を侮辱する発言があったことから雑誌などで批判されていた。白鳥は各大使公使から情報部の役割を勘違いしているのではないかと批判され昭和八年には情報部長を辞任し海外に出されたのである。副島は首相となった斎藤実に「外相が彼（白鳥）を転任するに非ざれば遂に累を内閣に及ぼすに至るべしと存候。機密費で遊興に耽る輩は非国民にて候」と白鳥罷免を求めていたことが戦後判明した。しかし狭い外務省の人事問題ゆえに杉村は副島の白鳥嫌いを知っていた。やっと追い出した白鳥が転任先のスウェーデンからオスロに来てオリンピックに口を出したのに副島が面白くないのは杉村に理解できた。なお外務省革新派の代表と見られた白鳥は東京裁判で終身刑となり服役中に病死している。

杉村は気まずい思いをしたが副島も何も言わなかった。しかし副島は日本に帰ったらオリンピックをファシズムに利用しようとする勢力との戦いが待っていると気持を締めなおしていた。

ラトゥルの悩み

ここで副島と杉村の二人はラトゥルというＩＯＣを握っている人物がベルギーという戦争は真っ平ごめんの国の委員であることにもっと配慮しないといけなかった、と反省した。

杉村が「メンツを潰したのはまずかった」と漏らすと、副島は「そう見えてラトゥルはしたたかだ。

ラトゥルは欧州の小国を握っているだけで会長に留まっているのだから、よほどバランスの人だ。だからラトゥルが『政治の介入』と怒ったのはムッソリーニを表に出したことだろう。イタリアが降りたのは喜んでいるのではないか」と話した。さらに自分と杉村がオスロ大会に夢中になっていた昨年の十二月にイタリア、エチオピア両軍がイタリア領ソマリランド国境付近で衝突していた。その事件が拡大し年を越えるとエチオピアが連盟に提訴する事態になっていたことを副島は指摘した。オスロ総会の前後でムッソリーニの評判は急変していたのだ。

欧州はムッソリーニを胡散臭いと思っていたが面白い政治家というくらいに見ていた。それがエチオピアとの紛争で侵略性が露見したところだった。

ベルギーもそうだが、欧州の国々は第一次大戦の惨禍が再現することに震え上がっていた。

「ここでイタリアの政治的動きにIOCが屈することをラトゥルは避けなくてはならなかった。ローマが勝っても困った。しかし日本とイタリアの裏取引が公表されてはもっと困った。ラトゥルにはどちらにも米国が騒ぐ恐れがあったのだ」が副島の分析だった。杉村は「それでラトゥルは決着を一年半後に延期した。それで日本を首の皮一枚で助かったということでしょうか」と安心したようだった。

副島はローマの病床にいた人間の岡目八目だと笑った。「ラトゥルは、君がローマを下ろしたことで、ベルリンの次がローマとならなかったのはホッとした。しかし、投票でベルリン—東京—ローマの連続が決まるのが、ラトゥルのもっと大きな心配だったはずだ」。副島はラトゥルは「そこでベルリン問題も東京問題も一年先に伸ばした気がする」と言い切った。

杉村はラトゥルの心の中に「東京」が残っているだろうか、残っていたらその理由は何だろうと、語った。しかし副島も「今は分からなくともイタリアで大使をしている君には分かる日があるだろう」としか言いようがなかった。

そして副島は東京に帰って国内の体制を立て直さなくてはならないから、「君もすぐ辞めるとは言わないでくれ。ご高齢の嘉納さんも引き出さなくてはならないのだから」と杉村に言った。「オスロ総会で決着が一年延期になったことが、まだ決まっていない岸さんの後釜の体育協会会長の役割を大きくした。政界に睨みのきく人でないと。しかも天皇や嘉納さんと気持も通じる人でないともみくちゃになるだけだ」。

杉村はローマの事態に気を取られ、英国や中国の票読みは出来ていなかったと反省した。副島は国内の燃え上がり方も気になると言った。「二千六百年というスローガンを理解してくれる欧米人はいるはずがない」。

二人の頭に浮かんだのは、一週間まえに貴族院で菊地武夫という議員が憲法学の泰斗、美濃部達吉の「天皇機関説」を批判し大騒ぎになっていることだ。こうした自由主義に反したムードが高まっていた。その中で二月十一日には「皇紀二千六百年記念日本万国博覧会」の計画が東京市により発表されていた。

日本では万博構想も動き出す

オリンピックが出来るなら、万博もやってしまおうという計画は第一次大戦前までは大国が国威発揚のために、しばしば考えたことだった。オリンピックの夏冬開催と万博の開催は、オリンピック夏の大会を開く国の権利でもあった。しかし各国で民主主義が発達すると不思議なことに関心はオリンピックが優先になっていた。

しかし副島と杉村は、クーベルタンの心の変化を知っていた。オリンピックを始めた頃はその通りだったが、第一次大戦後にはＩＯＣはオリンピックが万博の添え物だった初期の歴史を嫌いだした。クーベルタンこそ、両者の並存を嫌った。皇紀二千六百年とか万博とか、ラトゥルの耳に入れたくない。そういう状況が日本に生まれていた。

永田市長が、紀元二千六百年東京大会を構想したのは、永田の先生ともいえる後藤新平が青山練兵場に隣接する土地を買ったことと無関係ではなさそうだ、と前に書いた。

嘉納、副島、杉村の苦労をよそに、後藤の万博構想が生き返った。副島は内務官僚の深慮遠謀だと思ったが、放って置くことにした。

第十章　杉村がＩＯＣ委員を辞任

二・二六事件まで七ヶ月

昭和十年五月に日本に帰りついた副島が引っくり返したのは自宅の郵便物の山だった。そこには副島がローマからラトゥルに送ったお詫びの手紙の返事があった。副島はいそいで封を切った。ラトゥルは副島に、オスロ総会での日本代表の態度に不満の意をあからさまに表明していた。杉村の名は無かったが、行間に満ちていたのは名前など思い出したくもないという不機嫌さだった。ムッソリーニの名を挙げて「政治とスポーツ不干渉」の原則を破った日本代表への怒りは収まっていなかった。

ただ副島は最後の部分でラトゥルが「ムッシュー・カノウや貴伯爵は、ＩＯＣ委員であるのに、何ゆえ重大なオスロに来られなかったのか？」とあるのを副島は見逃さなかった。

自分がローマで病気だったことはラトゥルは知っている。礼儀だけは重んじる欧州貴族がこう書くからには意味がある。

副島は「東京」に可能性は残っていると感じた。

この手紙を持って副島が向かったのは嘉納のところである。嘉納と善後策をすぐに考える必要があった。

まだ頬がこけていた副島を迎えたのは、相変わらず元気な嘉納だった。

嘉納はオスロ総会で起きたことを杉村からの長い手紙で理解していた。嘉納は平気な顔をして高弟の高垣信造六段に「東京」支持を取り付けるためインドとトルコに行ってもらったと説明した。柔道指導者を求めてきたのはアフガニスタン政府だったが、高垣はインド、ネパール、ブータン、イラン、メソポタミア（イラク）、トルコに向けて柔道着を持って出発していたのである。

副島はこういう事が出来るのは日本に嘉納しかいないと思った。

事ここに至って、嘉納と副島は票読みについて語らざるを得なかった。杉村は嘉納に、あのオスロ総会で日本、イタリア、ヘルシンキ三都市の票決が行われたら、日本は十五票程度で完敗していたと連絡していた。その十五票はほとんど嘉納の人間関係による票で、再び国際関係に揺れだした欧米大国の票を日本は獲得できていない。欧米大国の票を得るにはアジア初のオリンピックとして他の国の協力を得るなら中国が「東京」支持を表明するのが一番良いのだがと一致したものの、二人は腕組みせざるを得なかったのである。

二人がベルリンでの総会までに絶対しなくてはならないことはどちらかがラトゥルに会って関係を修復して、支持を取り付けることだとの結論に達した。杉村の辞任もそのためには仕方がなかったのである。

副島、体協会長を探す

オスロでの中途半端で苦い決着をみて副島は日本は国際スポーツ大会において先進国に何十年も遅れていることを思い知らされた。施設も巨大になってきた。それを嘉納の顔だけでアジア初のＩＯＣの委員の席が与えられていた。しかし嘉納の功績でさえ柔道と体育の範疇に留まっている。

クーベルタンと嘉納の良い時代は終りつつある、副島はそう感じざるを得なかった。単純な政治とスポーツとの分離は、国際スタンダードではなくなっている。それも、この一年だ。ドイツがナチのユダヤ人排斥問題で米国の一部からボイコットされようとしている。オリンピックは国際関係の重要な一部になった。

しかしドイツ、イタリア、ヘルシンキ（フィンランド）、バルセロナは第一次大戦前に立候補したが大戦でオリンピックの順番がごちゃごちゃになり欧州での積み残しともいえた。フィンランドも最近再びソ連の支配力が強まり、国としての独立性が弱まっている。

きっとラトゥルが一番悩んでいるだろう。

それなら「東京」大会がＩＯＣに歓迎されるには①中国との関係が良好であること、②満州国としての「東京」参加を抑えること、③紀元二千六百年は連盟脱退「詔書」の精神に沿って国際平和の祭典であると位置付けすること。この三点をＩＯＣ総会で日本が語ることだ。

副島ほどの国際的難局を図式化することが上手な頭脳の持ち主が、この時代のオリンピック招致に加わっていたことは奇跡だった。

副島はさらにこの三点を体現した人物こそ「東京」大会を仕切る体育協会会長でなくてはならない、と考えた。

この段階で副島の考えた体協会長問題は表面化していなかったが、副島は動いていた。

副島が打診した相手はまたしても斎藤実である。副島の交友範囲の狭さではあるが、副島の体育協会会長にふさわしい大物としては首相退任後の斎藤実は適任だったかもしれない。

昭和十年八月一日の斎藤宛の書簡が戦後見つかっている。この日副島は斎藤を訪れ体協会長就任を打診した。

「本日は又復参上勝手な事を申上候。帰宅後種種考究致候処閣下が唯一無二の御適任者にて萬々一不幸にして御再考を仰ぐ事を得ざる時は小生は寧ろ現副会長（平沼亮三）を昇格し彼の成功の為め小生は顧問として全力を注ぎ度存居候。……比際は内外に名声ある準元老格の人を要し候が即ち閣下が唯一無二の方と奉存候。閣下が御承諾を給はらば小生は微力の全部を傾注致し大目的の貫徹を期し可申候」。

つまり断られたが、「再考」して欲しい。そして「東京」大会の成功を大目的というところが副島らしい。そして副島は旧知の牧野伸顕内大臣に斎藤の体協会長就任の後押しをたのんだ。その工作は十一月まで続いたらしい。しかし牧野は反対した。十一月二十五日付けの斎藤宛の手紙で、牧野に会って頼んだが最終的に駄目といわれたので諦めると書いている。

牧野にしてみれば斎藤を十二月には自分に代わる内大臣にする人事が決まりかけているので駄目といったのだ。これだけ読んでいると副島が内大臣の交代について人事オンチのように見えるが、むしろ内大臣ほど天皇に近い人物こそが「東京」大会に向けた体育協会会長にふさわしいと思いつめていたようである。

牧野も副島をあしらっているようでもあるが歴史に詳しい人は昭和十年十一月といえば二・二六事件で斎藤実は惨殺され、牧野は襲撃された大事件の三ケ月前に過ぎない。体協会長問題と二・二六事件は関係なかったであろう。しかし、牧野は陸軍と右翼から嫌われていた副島の身辺を気遣って副島一家を非難させていたとの証言がある。

斎藤や牧野の自宅に出入する人物も監視されていた。副島も「東京」の成功に命を掛けざるを得なかった。

中国との大使交換の好機を逃がすな

しかしオリンピック招致に悪いことばかり起きたのではない。岡田内閣のなかでも中国との対話路線を目指す広田外交は進められていた。昭和十年五月七日広田外相は閣議で中国公使の大使昇格を決めた。当時大使は欧米の九ヵ国しかいなかった。アジアの大国・中国と交換していたのが大使より格下の公使だったのは、欧米諸国の中国植民地政策に日本も乗っていたからである。一方当時の日本の国内情勢としては陸軍の対中国軍政の中心だった駐華公使館付き武官の磯谷廉介らが大使昇格には大反対だった。陸軍、つまり磯谷自身の対中外交への地盤沈下を意味するからだった。

広田は中国との大使交換を押し切った。しかもイギリス、アメリカ、フランス、ドイツにも駐華公使の大使への昇格を慫慂したのである。これは中国から感謝された。

こうした日中友好の機運を背景に副島は外務省に向かった。中国のＩＯＣ委員、王正廷（元外相）に外交ルートで来年のベルリン総会で日本への投票を依頼できないか、と正式に持ち込んだのである。しかし外務省の中国担当部局ではパリ講和会議に始まって王は日本の敵だったではないか。中国と大使の交換が決まったからといってオリンピックまで話が及ぶには、時間がかかる。「第一陸軍は、大使昇格に面白くなくて事を起こすぞと凄んでいるのだから」とにべもなかった。「副島さん、気をつけた方がいいですよ」と友人としての忠告もあった。

しかし副島はどのルートで王に連絡を付けたか未だにわかっていないが、明らかに広田外交の実現した大使昇格のチャンスを活かし蒋介石との「東京」大会への協力工作に向けて副島は動いていたのである。

ラトゥルを日本に招く

嘉納と副島が最も早く動かなくてはならなかったのはラトゥルを味方につけることであった。最重要のことがらには体協副会長の平沼亮三が加わった。平沼のところに大学時代から運動を通じて知り合いだった代議士の星島二郎がベルギーで開かれる「列国議員同盟会議」に衆議院を代表して出席するという噂が入った。

三人はラトゥル工作に失敗することは許されないが、もっと心配したのは失敗したことが日本のマスコミに知られることだった。そうなると政治工作を嫌うラトゥルが二度と機嫌を直さず最終的な失敗につながる可能性があった。最終的な失敗とは翌年七月末のＩＯＣ総会でヘルシンキに敗北することであった。

星島にラトゥルに会ってもらえば、ラトゥルも身構えないだろう。よほどラトゥルの機嫌がよければそこで日本への招待を切り出して欲しいと平沼は星島にたのんだ。

星島はその後、長く代議士を続けた。翼賛選挙にも非推薦で当選、戦後、衆院議長まで務めた。

海千山千の代議士なら、そのくらいの呼吸は読めるはずと考えたのだ。しかも駐ベルギー大使は有田八郎という間もなく広田内閣の外相を皮切りに近衛、平沼、米内内閣で外相を務めた人だった。しかし長年外相を務めた割にはヒョウキンな人物だった。なにしろ重大な時期の外相だったのに戦後出した回想録の題は「馬鹿八と人はいう」という題名だった。内容はともかく、この題名は今も歴史研究家に評判が悪い。引用すると論文の格調が下がるような気がするからである。しかも有田は三島由紀夫の「宴の後」のモデル問題で告訴したりした。

星島は「列国議員同盟会議」や国王の謁見のあと大使館を通じてラトゥルに会見を申し入れた。目的を聞かずにラトゥルも歓迎して自宅に来てくれと言ったのである。

星島は書記官とともにラトゥル邸に行った。気難しいと聞いていたのとは大違いで気さくな老人であった。

開口一番は「ムッシュー・カノウは元気か」であった。

ラトゥルは日本の印象について、自分は二十年前に日本に行ったことがある。そのころから嘉納はIOC委員だった。日本はロサンゼルス大会で大変優秀な成績を収めたが二十年間でこんなに進歩した国はない、などと日本を褒めた。

星島は運動好きではあったがスポーツ界の素人だったことがラトゥルを気楽にさせたのかもしれなかった。そのくらいラトゥルは饒舌であった。「日本がオリンピックを開きたいという気持は分かるのだが、オスロ総会でのやり方は失敗だった。ああいう方法でオリンピックを東京に呼んでも成功することはないと思うよ」。

星島はこの発言を逃がさず、自分は嘉納を直接知らないが、嘉納は元気に柔道の普及に励んでいる。嘉納は国民の信頼を得ているとラトゥルを喜ばせておいて、「私は東京市長や体育協会の頼みでお目にかかりに来たのではなく、国会議員として訪問した。というのも日本の国会はオリンピックの招致を全会一致で決議している。公用でブラッセルに来たのでラトゥル伯爵のお国を見聞し文化に触れたいと考えて、是非お顔を拝見したいとご自宅まで来ました」。

ラトゥルはますます機嫌を良くした。

そこで星島は、オスロ総会での杉村の行為について謝罪をした。しかし「杉村の行為は愛国の情に出たもので、この点をご理解いただければ、私が伯爵を訪ねた目的は全て達せられるのです」と丁重に語った。

このやり取りは駐ブラッセルの日本大使館で検討されていて、発言は書記官が事前にフランス語に翻訳してあったという。日本にとってはラトゥルとの関係修復は政策に格上げされていたのである。

有田八郎の個性もあったかも知れないが、外務省もここまで来た「東京」招致を放っておけなくなっていた。

星島は東京からの土産として浮世絵や伊万里焼の壷を贈った。

ラトゥルは大喜びで受け取った。そのプレゼントのお返しとしてラトゥルは自分の写真を持ってきて「日本とオリンピックのために」と付け加えて、サインをして星島に手渡した。

星島は玄関まで歩く間にこの「日本とオリンピックのために」を心の中で反芻した。そして「私個人の希望だが、私は日本人の一人として是非伯爵に日本の本当の姿を見ていただきたい」とさり気なく、誘ってみた。

ラトゥルは「この二十年間日本がどう変わったか是非見てみたいものだ」と嬉しそうだった。

この会見の模様を分析し日本政府に連絡したのは、星島でなくベルギー大使館だったといわれている。ラトゥルの日本公式訪問となれば政府として行事日程や資金の問題もある。ベルギー大使の有田の発議でなくては政府は動かない。外務大臣の広田の意図が有田に届いていたのであろう。

しかし有田もラトゥルが悩んでいたのは東京とヘルシンキの問題ではなく、来年に行われるベルリン大会に対する欧米の反発であることは理解していた。ドイツの膨張がどちらに向かうのか重要な分かれ道であった。ドイツへの他国の反応の分析は有田の仕事の中心だったのである。

有田が欧州情勢の分析を終えラトゥルに日本招待の斡旋を始めたのは秋に入ってからと言われている。日独防共協定が結ばれたのは一年後の十一年十一月で、この頃、まだ日本とドイツと日本の関係はさほど密接とは見えなかったことが、ラトゥル訪日を実現させたともいえる。

第十一章　二・二六事件の直後、吹き荒れるラトゥル旋風

始まる前から話題のベルリン大会

来年のベルリン大会は計画の段階から世界の話題を集めていた。アウトバーン（高速道路）とともにオリンピックのための公共事業で景気を良くするため、思いもよらない豪華なスタディアムを建てた。聖火と聖火リレーも本格的に計画されはじめた。

この大会はオリンピックの歴史を塗り替える画期的な大会になったが、準備段階からヒットラーの狙いに関心が集まっていた。

しかもナチスの反ユダヤ人運動が明らかになるにつれて、米国ではボイコット運動が起きそうであった。

ドイツ、イタリアがファシズム国同志で連携を強めるにつれて欧州の国々、特に小国は反ファシズ

ムの立場からベルリン大会を拒否する動きも見せたのである。直接の動きは、スペインから独立を宣言したカタロニア共和国が、ベルリン大会にぶつけて計画した首都バルセロナでの「人民オリンピアード」だった。

スペインでもフランコを中心とするファシズム運動が起きていたからだ。クーベルタンが作った近代オリンピックは分裂か消滅の危機にあったのである。しかも駐ベルギーの有田大使がラトゥルの日本招待で交渉を続けていた十月十月には米国でベルリン大会阻止を求めるフェアプレイ委員会が結成された。にわかにバルセロナでの人民オリンピックが現実になってきた。このまま米国がベルリンをボイコットして、米国選手が「人民オリンピアード」に合流する可能性が高まっていた。

そして批判の矢面に立っていたのはＩＯＣ会長のラトゥルである。同年十一月七日にニューヨーク・タイムズでラトゥルはインタビューに答え、ナチスのユダヤ人ばかりでなくカトリックやプロテスタントの競技者に対するナチスの差別的待遇について「ＩＯＣはこのような純粋に国内的な問題に対して介入しない」、「大会期間中の状況には関心があるが過去のことには関心がない」と語った。これを引用してニューヨーク・タイムズはラトゥルが「ドイツに目を閉じている」と批判した。

ラトゥルらは、ドイツの国内問題であるユダヤ人問題に外国が口を出しボイコットするとか、しないとか騒ぐのに困り切っていた。政治とスポーツの分離とは何か。再び考えなくてはならなかった。

ところがこんな状況から関係者の間で四年前のロサンゼルス大会での日本の参加は評価されて来たのだ。欧米の団体がそういうパンフレットを作っていた。それによると、一九二四年の排日移民法、三一年の満州事変と当時の日米関係は良好とはいえなかった。両国民の感情は悪化していた。しかし日本はボイコットではなく史上最強で最大のチームを送り、しかもスポーツマンらしい態度と競技への真摯な取り組み、そして大勝利のために、日本競技者は観衆の人気者になり、アメリカの対日感情を好転させた。これがオリンピック大会が「人びとの相違点を、ボイコットではなく連帯によって乗り越えた」一つの事例と取り上げられたのである。

ベルリン大会／右からヒトラー、ラトゥル、ムッソリーニ

日本では嘉納、副島もこの昭和十年の秋の段階でラトゥルの抱えた危機がこれほど深刻だとは考えてはいなかった。駐イタリア大使の杉村や駐ベルギー大使の有田が、ベルリン大会が国際緊張の焦点になっていて実は「東京」招致の伏線になっていたことまで分析していたという記録はない。ヨーロッパとアジアはまだ遠い時代だった。

日本への招待は、予想外の好印象をラトゥルに与えた。ラトゥルが日本を訪問することが正式に決まり、発表されたのは星島二郎がラトゥルにブラッセルで会ってから約半年後の昭和十一年一月末のことであった。日本としては、招待を受けてもらえた事で「東京」に可能性が出たとホッとした。しかしラトゥルは日本に来る前に米国を回ることになっていた。慎重なラトゥルとしては米国がベルリンに参加するかどうかを見極めてから日本に行き、「東京」「ローマ」の問題を考えたかったのだ。

オリンピックは欧州では第一次大戦以来二十年ぶりに戦雲に巻き込まれていた。

一方、アジアでは束の間の平和が続いていたのである。ラトゥルはアジアに目を向けたいと考え始めた。

フィリピン共和国でIOC委員誕生

歴史年表でみると、この昭和十年という年は世界的に大きな出来事が起きている。大国だけではない。英国はインド統治法を成立させビルマが分離している。タイは国王が退位し十歳の新王が即位、政治は民間政治家に握られた。多くの国で社会主義の勢力が伸びている。

スペインの手から逃れた後米国に支配されていたフィリピンでは二月に憲法が成立し独自に大統領を選べるようになった。ケソンが九月に投票の結果、大統領となった。十一月十四日の日本の新聞は「フリピン共和国誕生」の記事を掲載した。正式には翌十五日付で共和国になった。

米国は外交、国防、財政の監督権を渡さないが共和国は誕生したのである。この時米陸軍のダグラス・マッカーサーが「元帥」としてフィリピン共和国の軍事顧問になった。

　当時の日本は台湾を領有していた。台湾の南端とフィリピンの一番近い島嶼の距離は「東京と沼津」の距離だと当時の日本人は考えていた（木村毅著『布引丸――フィリピン独立軍秘史』）。つまり日本と近い隣国だった。実は、明治時代に米国は日本には朝鮮支配を認める代わりに、フィリピンから手を引けという了解を求めてきた。以後、フィリピンは米国が支配してきたが、この年フィリピン民衆の努力で、夢がかなった。

　広田外相はケソンに対し祝電を打った。新聞には「これで、アジア人のためのアジアがもう一歩、足を踏み出すことになった」と述べた。

　フィリピンはアジアのスポーツ先進国で、極東大会を推進していた。これも米国からの独立の息吹を示すものであった。

　かねてからスポーツ外交では米国から独立していたが、ＩＯＣ委員はいなかった。しかし「共和国成立」とケソン大統領の就任により、アジアの三カ国目のＩＯＣ委員選出国にはフィリピンがなり、ケソンの実力秘書でスポーツ外交の推進役だったヴァルガスが委員になることはほぼ確実になった。

　この時のヴァルガスほどアジアの指導者の中で日本の立場を理解してくれた人物はいなかった。中国とは正反対だった。これがまもなく「東京」決定に幸いするのである。

　フィリピンは米国の「民族自決」主義がご都合主義であることを身を以って知っていた。しかもフィリピンは多島国でイスラム教徒も多い。国家を欧米の原則で考えればフィリピンは国家とは言えないかもしれないが、スペイン、米国の支配下にあったフィリピンに贅沢はいえなかった。このためヴァルガスは日本の満州国支配にも考えは柔軟だった。

ヴァルガスはアジアと米国がぶつかる時、米国はご都合主義で平気で他の国の国内事情に手を突っ込んで来ることを骨のズイから知っていた。芯の強い政治家に成長していたのである。

日中のバランスが怪しくなった

昭和十年十一月二十六日の日本の新聞には王正廷氏が来日する可能性を報じる記事が載った。王は蒋介石に近い大物と知られていたが、反日派の大物であり、米国に近い人物として知られていた。来日の情報は本人が流したものであろう。

当時の日中関係は非常に複雑だった。大使交換の後、急速に友好関係が進み、日本軍が進行していた河北省について梅津・何応欽協定が六月結ばれたものの、その辺りから再び暗雲が立ち込めるのである。

陸軍が岡田首相、広田外相の平和路線に我慢が出来なくなった。広田の方は、南京政府（蒋介石政権）のなかで親日派の汪兆銘とひそかに連絡を取り出したのである。

日中戦争ほど不思議な戦争はない。日本政府も蒋介石政権も手の内は読めていたのである。

大使の交換は広田外交の大きな成果であったが、半年も経つと、偽りの平和ははげてくるのである。日本は蒋介石政権の分裂を見逃さず実力者、汪兆銘に手を突っ込む。中国（蒋介石）は武器を供給してきたドイツと手の切り時を考え出した。英国米国と手を結び始めるのだった。大使交換は賞味期限切れになっていた。

最大の理由は蒋介石政権の背後を共産党の勢力回復が脅かしていた。一方日本には広田外相の努力によるソ連の満州国承認などで、満州北方の脅威が外交努力で除かれつつあった。

中国を巡る国際関係は組み換えが起きていた。

このような時代背景の中で、王正廷来日の話を聞いて日本の新聞記者は、王を蒋介石政権が英国と進めている中国幣制改革に日本の協力を求める蒋介石の特使と考えた。

英国から提案された中国幣制改革

中国の幣制改革はこんな話だった。この年の九月六日に突然のごとく、英国の経済使節、リース・ロスが東京に現われ広田外相と高橋蔵相に会って、日本の協力を求めた。中国に英国、米国、日本が借款を行い、それを信用保証に中国を当時の機軸通貨・英国のポンド圏に引き入れ中国経済の安定を図る計画だった。

この時すでに情報は流れていて中国大使館付き武官の磯谷廉介少将からは茶飲み話くらいして追い

返せと岡田政権に申し入れていた。そして実際、大臣でもないリース・ロスが英国政府をどの程度代表しているのか分からないまま、中国に行かせてしまった。

先になって分かるのだが、日本の大失敗だった。中国経済は幣制改革により公式通貨・法幣が対ポンドで日本敗戦まで安定した。一方日本占領地の日系通貨の価値は法幣に対し下がり続け、日本の太平洋戦争の敗戦につながったといわれている。

しかし、それほど効果のある政策だと知っていたのか、磯谷ら陸軍はその後も抵抗。十一月八日には華北現銀輸送防止に実力発動を辞せずと声明。つまり為替安定のために中国に銀（金や外貨）が運び込まれたら日本軍が攻撃するかもしれないと警告した。九日には外務省が非公式に、幣制改革に協力しないと声明した。要するに日本は意味がよく分からないので、ぶち壊そうとしたのである。

めちゃめちゃな話であった。

リース・ロスへの対応は、戦後になって大失敗と言われているが、国際連盟脱退、リース・ロス提案拒否、それに東京オリンピックはいずれも、日本側に国際協調のボールが渡されたのに、自分で勝手に孤立するという危機管理上の大失敗を犯した。

それはともかく、王が来た目的は、タイミングから見て、幣制改革への再考を促すのを第一目標に来日したのは間違いないだろう。それも米国の協力を追い風にしていたのだろう。

神戸に降り立った王はなんと、米国副大統領ガーナーと米国金融界で有名なキングと同じ船だった。

上海から米国に帰る二人と一緒に神戸に寄ったという出で立ちだった。「広田外相に、もし時間あれば会いたいと思っている。それに旧友もいる。重光（外務省）次官の顔も見たいし、芳沢氏（元外相）とも久しくあっていない。しかし予定はない」と新聞記者を煙に巻いた。

二日後には外務省に広田外相を訪ねて、重光次官とも話している。

外務省から出た王は新聞記者に捕まった。「個人的な話だった。日中関係に微力ながら役立とうとおもってね」と王らしい受け答えだった。

広田は「(広田）三原則の話に加えて東亜恒久の平和のためにお互い努力しようと言っただけで、特に変わった話があったわけではない」とウソは言わなかった。広田三原則は日本が中国との平和のため公開で申し入れていたことで両国関係の全てを幅広く含んでいるから、王との間で話題になって当然だった。

王は十二月一日ころに芳沢元外相が主催する「日本外交協会」のパーティーに出席した。

ところが王は十二月七日に、副島道正を原宿の私邸に訪ねたのである。午後六時を過ぎていた。そこには嘉納治五郎、平沼亮三が待っていたのである。

しかし新聞記者もさるもので、数時間の話の後、王が出たあと暫くして、新聞記者が訪ねてきた。外で待ち伏せしていたのだ。

副島は「わたしがＩＯＣ委員になって、まだ王さんと会っていないので、東京に来たついでに寄ってくれたのだ。来年の東京オリンピックの投票。話に出た。王さんはアジアでオリンピックが開かれるのは素晴らしいといってくれた。嘉納さんが極東選手権（大会）で顔なじみだから、昔話に話が咲いてね……」。

しかし翌日の新聞には王がベルリン総会では「東京に投票する」とほのめかしているのだ。

こうして七月末ベルリンでのＩＯＣ総会は近づいてきた。

ラトゥル来日

バイエ・ラトゥルが日本を訪れると最終的に連絡があったのは十一年一月の終盤だった。東京市と体育協会が招待状を送っていた。

日本には三月下旬に来るという返事があった。日本側はこれにあわせて、杉村の後任のＩＯＣ委員に徳川家達公爵を内定した。徳川家の宗主であり十六代将軍と呼ばれていた大物である。岸のあと空席だった日本体育協会会長ぶくみの人事だった。東京オリンピック招致の準備としては重要な人事だった。

ラトゥルからは米国経由で、西海岸から日本に到着するとの連絡があった。そこで副島はまだ会ったことのない、米国のＩＯＣ委員のビル・ガーランドに手紙で「ラトゥル伯が米国経由で日本にくることになった。もしロサンゼルスに立ち寄れば、よろしく」と頼んでおいた。嘉納と連名だった。

ラトゥルがニューヨークに着くのは二月二十六日の予定だった。

ところが日本で大変なことが起きた。

二・二六事件が起きたのである。ラトゥルがニューヨークに着くことも、日本の新聞社が注目していて、記事を掲載したところもあった。しかし二・二六事件の記事に押されて小さい記事になった。

しかし大打撃を受けたのは副島だった。虐殺され斎藤実内大臣が副島の長年の友人という関係にあったからだ。嘉納にとっても衝撃だった。斎藤が首相の時に「国運を賭してオリンピックを招致したい」と頼むから嘉納がオリンピックに乗り出したいきさつもあった。

二・二六事件は雪の降り積もった二月二十六日の朝、兵士千四百人を率いた陸軍の青年将校たちが、岡田啓介首相、高橋是清蔵相、斎藤実内大臣、渡辺錠太郎陸軍教育総監を襲い、虐殺した。岡田首相は身代わりが殺され数日後に生きて出てきた。鈴木貫太郎侍従長官は怪我をしたが助かった。また前内大臣の牧野伸顕は襲われたが無事だった。

これは暗殺事件だけではなく、永田町、赤坂一帯を占拠し、昭和維新の上奏文を天皇に奉ったのである。

クーデターだった。しかし戒厳令が敷かれ、怒った天皇は将校、兵を反乱軍として二日目に反乱軍鎮圧の奉勅命令が出された。

幸い反乱は四日で鎮圧されたが、政治の先行きはだれも見通せなかった。

米国のガーランドからの連絡には、ラトゥルは三月五日にサンフランシスコを発ち、日本の客船の秩父丸で三月二十日に横浜到着の予定と書かれていた。

とにかく嘉納と副島は三月五日に東京市と文部省の関係者を学士会館に集めて「バイエ・ラトゥル歓迎準備会」を開いた。政府はまだ混乱していた。この日は横浜の小学生に頼んで埠頭でベルギーの国旗を振ることを検討しようと決めて散会した。

会場を出て嘉納は副島を慰めた。副島が斎藤と一心同体の時もあったのは貴族院では常識であった。副島は嘉納にさえ、危険を感じて牧野伸顕の勧めで家族とも別のところに住まいを移したが、このことは話さなかった。多かれ少なかれ政治に関わった年配者は危なかったのである。

最大の危機にあった東京オリンピック計画

二人にとっては正念場を迎えたオリンピック招致運動に引き込んだ斎藤前首相を失った。しかも政治は大混乱し、オリンピック招致はどうなるか分からない状態だった。

二・二六事件はオリンピック招致には最大の危機だったのである。

嘉納は珍しく饒舌であった。副島を意気阻喪させてはいけないという嘉納らしい「なにくそ」精神からの配慮だった。副島にはオリンピックはここで終るかもしれないという懸念を感じていた。その懸念は嘉納も同じだった。しかし嘉納は副島を励まさざるをえなかった。

「たしかに非常時だ。最近は非常時という言葉がやたら使われるが、何が非常時なのかだれにもわかっていない。

陛下の奉勅命令を読めば、だれもが陛下は過激な軍人を好んでおられないのは明らかである。今度のことでわたしは日露戦争の後の講和反対焼き討ち事件を思い出した」。

「副島さん。今は余計なことを考えるのはよそう。ただ、オリンピックのことだけを考えよう。そのうち、世の中は変わる。変わるなと言っても変わる。わたしは日本を信じている。東京オリンピックをきっかけに日本は自他共栄への道を進むのだ。わたしは楽観に過ぎるかね」。

「嘉納さんに言われると、その気になりますよ」。

「いや、僕はいつも同じ事を言ってきたのだ」と嘉納は笑った。「医者から休め休めといわれ、生きているのが不思議だといわれているのだよ」。

嘉納のほうが頭の切り替えはずっと早かった。

しかし政治の方は全く収まっていなかったのである。それどころか陸軍の中には権力の座にすわることを考えていたものもいた。それでは陸軍のクーデターの成功である。それで斎藤を殺され岡田内閣を潰された海軍は艦隊を東京湾に終結し陸軍を威嚇した。

岡田内閣は二十六日に総辞職していたが近衛文麿に組閣命令が出たのは三月四日。ところが近衛は拝辞した（断った）。

次に広田弘毅に組閣命令が出たが、広田が退任していた外交官の吉田茂（戦後の首相）を入閣させようとしたことから六日には陸相候補の寺内寿一が吉田は自由主義的に過ぎると組閣に干渉した。「バイエ・ラトゥル歓迎準備会」が開かれた時は、まだ新内閣が決まっていなかった。広田が組閣に成功したのは、やっと九日になってからであった。

関係者はオリンピックに熱心な広田外相が首相になったことが、有利に働くという考えさえ浮かばないまま、ラトゥルの到着を待った。広田新首相の頭がオリンピックに回るのに時間がかかった。

二・二六事件の後「非常時」という言葉は、従来の政府の計画をすべて御破算にする力があった。しかし、それを何が跳ね返したのか。ラトゥルの来日で、追い詰められた時に、気分を変える日本人のエネルギーが動き出した。

上機嫌なラトゥル

ラトゥルが横浜に着いたのは三月二十日であった。それまでが嘉納と副島には短く感じられた。風の強い日だった。しかし岸壁には数百人の小学生がベルギーと日本の日の丸の小旗を振って出迎えた。ラトゥルにはこの日本らしい歓迎法が気に入ったようだった。甲板にいる時から帽子を大きく振って応えた。

東京駅で嘉納、副島、平沼らは出迎えた。牛塚市長も加わりプラットホームはにぎやかになった。

そして、帝国ホテルに着いたラトゥルは、すぐに岸清一の墓に詣でたいと語った。

副島はオスロ総会で日本に厳しかったラトゥルの心境が変わったことに気付いた。慎重な副島は他の人に見通しを言わなかったが、米国でベルリン大会ボイコット問題にメドがついて、ラトゥルは次の東京大会のことを考える余裕ができたようだった。

それから帰国まで日本のマスコミにラトゥル旋風が吹いた。これには体育関係者、東京市関係者が驚いた。オリンピックが来るらしいという話題だけで、二・二六事件の暗雲を忘れられるほど、国民の気持は暗かったのである。

知ってか知らずか新聞は、ラトゥルの小さい発言をありがたがった。ラトゥルは人気者になったのである。ここから嘉納と副島、特に副島は国民の気まぐれに悩まされることになると言っても過言ではない。

ラトゥルは東京市庁舎に出向いた。文部省の三辺次官、外務省の重光次官と会見した。明治神宮、外縁競技場、歌舞伎座、松竹のレビューまで見て回った。松竹のレビューは浅草の名物である。

ラトゥルは「二十年前の東京がまるで大昔のように変わっている」。ラトゥルは初め準備委員会が提案した日光への旅行は全く関心を示さなかった。東京と名の付くところに敬意を払う考えのようだった。小学校の授業を見て感激している。

ラトゥルが特に強調したのは明治神宮の美しさだった。

「大きな木のゲートをくぐって、美しい石と森の中を歩く。余計な装飾が一切ない、日本のテンプルがある。日本人はどういう感性であぁいう美しい建物を作ることができるのだろうか。私はあのように荘厳なテンプルをみたことがない」。

ラトゥルは学生向けの講演会にも関心を持った。堂々と「ユダヤ人もドイツ人も、同じ場所で、同じアマチュア精神でスポーツを行うことがオリンピックの精神である」と語った。ユダヤ人とドイツ人の所は、一般の日本人には難しかったが、ラトゥルはベルリン大会の成功に自信を持ってきたようだった。

ラトゥルは東京の夏はそれほど暑くないという事を理解した。日本側の努力は成功しつつあった。

ラトゥル、昭和天皇と謁見

三月二十五日、副島に宮内庁から連絡があった。「二十七日の午前十一時ラトゥル伯爵のスケジュールはあいているか」というものであった。副島は「どういう御用でしょうか」と聞き返した。宮内庁の係官は「突然で驚かれるかもしれないが、陛下がじきじきに伯爵にお目にかかりたいというお言葉があった。いかがだろうか」。

副島は「ラトゥル伯爵には時間があります。伯爵も光栄に思われるでしょう」と答えたが、副島にはやっぱりという気持がした。東京オリンピック招致の運動は、国際連盟脱退のあとの陛下の「詔書」

が発端だった。陛下は忘れておられなかった。あるいは二・二六事件で命を落とした斎藤実内大臣が二・二六事件の前、ラトゥルが来日するとの話を宮内庁にしていたかもしれないと思った。

当時の記事によると二十七日午前十一時、ラトゥルはデークト・ベルギー臨時大使に伴われ宮中に参内した。鳳凰の間で「謁見仰せ付けられ、来朝の御挨拶を言上、天皇陛下は御握手を賜い、御言葉を賜わった」（当日の夕刊）。

天皇は「東京」大会を是非開きたいから協力を頼むとは言わなかったろうが、ラトゥルには天皇の気持がよく分かった。天皇は皇太子時代にベルギーに行ったことがあった。ラトゥルに思い出話をしたかどうか副島には確かめようがなかったが、「東京」招致が大きく進展したような気がした。

副島はすぐに嘉納に電話をした。嘉納は泣いて喜んだ。

遠征補助金アップの契約を結んでいた

しかしラトゥルは強かな面も見せた。平沼体協副会長との間で、「東京」が選ばれたときの契約書を結んでいるのである。この契約には

①役員選手に対する遠征補助金は東京市が決定した百万円に五十万円上乗せして百五十万円とすること。

②組織委員会はＩＯＣが任命する技術顧問を採用すること。

③東京滞在中の各選手の食費は一日に付き二ドルを超えないこと。
④大会中および開会式前十五日間は国際競技連盟役員に一日五ドル支給を保障すること。
日本側はこの契約書でラトゥルの商売上手に驚いたが、一方ラトゥルが「東京」の勝利を確信していたように感じた。

離日三日前の四月六日、日本の感想として新聞に「神宮競技場はじめ日本の競技施設は完全であり、国民のオリンピックに対する熱意も高い。ヨーロッパからの距離が遠く、遠征に時間を要するのが欠点だが、これはオーストラリアや南米も同じで止むを得ない」と高い総合点を与えた。

しかし最後に「爾後すべての裏面工作を排し……ＩＯＣ委員会の決定を静かに待つべきであろう」と付け加えるのを忘れなかった。

ラトゥルは日本を離れるとき、副島に「そうベルリンでまた会いましょう」と堅く手を握った。

副島はホテル・アドロンの鏡の間でと、手を握り返したのである。ＩＯＣ総会では東京に勝たして欲しい、という気持を込めてラトゥルの目を見た。思いなしか、かすかに笑っていたような気がしたのである。

第十二章　副島、ロンドン辞退を画策する

突如、ロンドン立候補

ラトゥルが帰ると日本のオリンピック熱は盛り上がっていた。

新聞は沈滞ぎみだった日本がオリンピック開催を獲得する可能性が出たことを見逃さなかった。数年に一度、国威発揚がないと目標を喪失する国民性を熟知していた。しかも、こんどはヘルシンキと一対一である。こういう分かりやすい状況に燃えるのが新聞である。

ベルリンのホテル・アドロン。その「鏡の間」のＩＯＣ委員が集結するのは七月三十日と決まっていた。あと八十日で決選投票という重圧が嘉納、副島らに高まっていった。

二人は最後の多数派工作で話し合った。票読みを元に考えたいのだが当時のＩＯＣ委員の利害と行動は日本にいて読めるものでもなかった。そこで嘉納は米国を通って、欧州、ヘルシンキに着く。ロ

サンゼルスでガーランドに投票を頼み、できれば米国の三票を獲得したかった。

マスコミの無責任な興奮にくらべ、二人の票読みでは、確実なのはイタリアの三票だけだった。さすがに杉村はローマ大使だけあって、イタリア三票の東京支持を維持できる立場にあった。

副島の気持が最も切迫していた。

満州国を通ってシベリア鉄道から途中下車もせずにドーバー海峡に着いた。ベルリンなど欧州の首都をすっ飛ばしたのは、いやな予感がしたからである。

着いてみたら、案の定大事件が起きていた。副島はロンドン市が一九四〇年大会に立候補するというニュースに打ちのめされた。IOCのルールではまだ立候補は可能だった。ロンドンが英国政府の後押しで立候補したなら「日本は負ける」のが確実だったからだ。

副島は英国人のやり方をよく知っていた。英国はエチオピアを侵攻したムッソリーニがローマ・オリンピックの夢を捨てていないと感じていたのだ。実際この問題はムッソリーニの「東京」支持で消滅しているのだが、日本と英国に情報の齟齬があるのは仕方なかった。もうひとつ英国はユダヤ人問題を理由に米国がオリンピックでも存在感を高めるのがいやだったのだ。ロンドン立候補で欧州の盟主は英国だと示せると、だれか政治家が仕組んだと見た。

副島は首相のボールドウィンに連絡を取った。幸い副島が留学していたケンブリッジ大学の先輩だった。しかしボールドウィンは顔色も悪く往年の元気が無かった。

ボールドウィンは会うなり「君の事は忘れた事はないが、私はすっかり疲れてしまった。用件があればチェンバレンに話してくれたまえ」と部屋を出てしまったのである。

蔵相のチェンバレンとも副島は面識があった。チェンバレンは翌年首相になる。ヒットラーのオーストリア併合を許すなど対独伊融和策で歴史に悪評を残した。しかしチェンバレンは米独の間で揉みくちゃになり英国が戦火に襲われ、さらに米国に覇権を奪われることを嫌ったのである。以下の副島とチェンバレンとの対話は大筋『1936年ベルリン至急電』（鈴木明著）を下敷きにした。副島の英国人脈の深さが分かる。

チェンバレン

チェンバレンは国際連盟に復帰すべきだと言った

チェンバレンは副島に「首相から出きるだけのことをするようにと言われている。なんでも言ってくれ」と握手をした。

副島は東京でのオリンピックが実現しかけている。「ご存知だろうが、日本も軍国主義と自由主義の境目に立っている。オリンピックを行うことが軍国主義に歯止めを掛けられるかどうかの境目なのだ」と強調した。

どうかロンドンの立候補を取り止めにしてくれないかと、

力を込めたのに、チェンバレンが驚いた。副島は懇願するような男ではなかったはずだ。

「ロンドンで四年後にオリンピックがあるなんて蔵相の私は始めて知った。政府が承知しているようなしっかりした計画ではないと思うよ。ロンドン市のカネでやるなら勝手だが、英国に四年後そんなカネがあるのかね」。

副島に「ロンドンのことはすぐ調べる。しかしイギリスはフットボールとテニスのことなら興奮するがオリンピックのことで横車は押さないはずだ」と言った後「ミスター・ソエジマ。君四年後の事をどう考えているのかね。欧州はまた戦争の可能性がある。君は第一次大戦を目の当たりにしていないだろうが、昔とは大砲や爆弾の威力が違う。ドイツとイタリアより西の欧州は戦争とか革命の火種は真っ平なのさ。戦争したがってるのはアメリカだよ」。

副島にはオリンピックの謎かけのように聞こえた。面倒くさい物はアジアに持っていけというのがラトゥルの気持なんだと考えた。戦争になればラトゥルのベルギーは火の海だ。ラトゥルは、日本が余計なことをしなければ欧州票を「東京」でまとめてくれるのは、欧州でオリンピックをしたくない、ということか。しかしチェンバレンはオリンピックのことなど、どうでも良かったのだ。

副島にチェンバレンは「オリンピックのことは心配するな。明日にでも片付くだろう」と言ってくれた。

「しかしね」とチェンバレンは口を開いた。「しかし私には日本のことが心配だ。なぜ日本は国際舞台から飛び出すようなことをするのかね。たしかに国際連盟では恥を掻いたかもしれないが、それは日本がゆっくりした交渉の場を持たないから起こったことで、粘り強い話し合いさえ続ければ年月が自然に解決することだ。

　私は個人的に日本の駐英大使に同じ事を伝えた。その時大使は、理解できるが自分の口からはいえないとのことだった。日本政府に英国の大臣の率直な分析が伝わってないのだろうか。ま、政府のどこかには入っているだろう。君なら率直に反応してくれるかと思うが、日本はワシントンの政界の一部がいっているように、中国本土はおろか、東南アジアまで侵略する気があるのかね」。

　副島は「日本はそんな武力もないし、考えもない。首相の広田が国際協調の考えを持っていることは世界が理解してくれたと考えている」。

　驚く副島に、チェンバレンは「日本が国際連盟から出て行ったから去年、ソ連が国際連盟に加盟したが国際連盟も大国の組織だから、日本の穴を埋めなくてはならなかった。ソ連が満州国を攻める心配はないのか。すると日本は国際連盟を脱退して何の意味があったのか。貴族院議員の君なら知ってるだろう。

　なぜ国際連盟に復帰しないのか。勝手に飛び出したのだから、勝手に復帰すればよい。

　日本の軍部はやたら好戦的だ。こんどのクーデター騒ぎを世界中の外交家は知っている。英国は慎重だから日本とことを構えない。しかし米国は甘くない。米国は独善的だ。ボイコットほど恥ずかしいことはないと私は米国に言っているのだが」。

英国の外交とはウソでも平和的だと他国に報せる努力のことで、そのために人も金も使っているのだ、と副島は思い知った。日本の外交は他国に話しかけるのではなく、他国より強いと日本の新聞に書いてもらうための行動になってきた。

チェンバレンが指摘しているのは、国際連盟脱退ではなく最近の問題、日本の中国幣制改革の対応への不満だろうと思った。蒋介石政権支援国の中に席があれば重みが違う。普通の国なら喜んで席を買う。協力しないことが戦争の準備と思われ、二重に損をする。

副島には「だから、オリンピックを東京で開きたいのです。それが天皇の気持でもある」と大きな声でいった。チェンバレンは分かったとうなずいた。チェンバレンは「それなら本気で戦争しそうなのは米国とドイツだ。貴君はオリンピックは早く片付けて外交に戻ってくれ」と友人としての話をして副島を部屋から送りだした。

副島は静かなロンドンの街を歩きながら、重苦しい気分だった。楽天的な嘉納にオリンピックを呼ぶことだけを考えようと励まされて日本を発ったが、他の国はオリンピックに関心はない。戦争と経済不況にしか関心はない。オリンピックに熱中しているのはカタルニアと日本だけだ。「東京」に決まったら軍部はどう出るのかな……と頭を過《よ》ぎったが、嘉納の楽観に従うことにした。

た。

ロンドンの立候補、あっけなく片付く

二日後にチェンバレンから連絡があった。ロンドン市長が来るから直接話してくれ、ということだった。

副島は市長本人が来ることに驚いた。

蔵相の部屋にはロンドン市長がいたのだ。「私も蔵相から聞いて驚いています。議員からロンドンでオリンピックをやりたいという書類が来ていて、それほど考えもせずサインした。しかし私は東京が立候補していることも、一九四〇年が日本の歴史で重要な年に当たるなど全く知らなかったのです」。

そして「このオリンピック計画はイタリアに反感を持っている議員がローマが立候補していることを聞いて出したのでしょう。私もロンドン市民も本気でロンドンでオリンピックをしようと考えていません。ただ、新聞にも出ましたので、数日手続きに時間がかかります。ベルリン大会より前には作業は終りますから心配なさらないでください」。

これでロンドン立候補問題は終った。副島は東京に電報を打った。体協では平沼が読むだろう。嘉納が米国に向かったかどうか、まだ分からなかった。

副島は政策の間違いをすぐ直す英国はどんな国なのだろうかとしみじみ感じた。日本では間違いを認めたら、責任問題となり、すぐ人事問題か、倒閣だ。だから軍人は戦争に突き進む。

そのころ広田首相は陸海軍大臣と次官軍人を現役とする新ルールを発していた。これで陸軍と海軍のいうことは閣議を素通りになった。首相も大臣も軍の言いなりである。陸海軍は閣議で失敗を認める必要はなくなった。

副島は日本を発つ前から動きは知っていたが、気が重くなった。とはいえ軍に呑まされた軍部大臣現役武官制が、オリンピックを推進してきた広田首相が東京裁判で死刑になるほとんど唯一の罪状になるとは、副島は知る由もなかった。

第十三章　東京に決まった

オリンピックが動乱だった

ベルリン大会は動乱の中で開かれたのではない。それ自体が動乱の発端だった。

欧州の国々にとってみれば二十年前欧州を戦火に陥れたドイツの不気味さが、ベルリン大会が準備される中で甦ってきたのである。

それはヒットラーに対する恐怖だった。

たとえば一九三六年（昭和十一年）七月二十日に古代オリンピック発祥の地・ギリシャのヘラ神殿の跡地をスタートした聖火リレー。式典ではクーベルタン男爵のメッセージが述べられ平和の祭典が謳われた。ところが聖火リレーが進むにつれて沿道の国々では、第一次大戦の戦火を思い出す重苦しい雰囲気が高まっていった。アテネとベルリンを結んだ地域は、ドイツと同盟国オーストリア（ハプスブルグ帝国）の旧支配地域そのものだからだ。この恐怖は、またドイツは聖火コースをたどってこの地域を戦争に陥れるのではないかという恐怖につながった。そして第二次大戦が起きると、それは現実のものになった。ドイツ軍はチェコ、オーストリア、ハンガリー、ユーゴスラビアと聖火コースを逆にたどってギリシャまでを占領した。

人民内閣のバルセロナ大会が別に開かれた

しかもベルリン大会への批判は、米国が反ユダヤ主義批判の矛を収めた以後も、ヨーロッパでは燃えさかった。衣の下に鎧が見え出したヒットラーの好戦性を嫌いだした。スペインは四月末まではベルリン大会に参加する予定だった。しかし五月になるとファシズムを具現化しているベルリン大会に参加するために国家予算四十万ペセタを使うことへの反対運動から、別のオリンピックを開く運動に転じた。七月一日にはスペイン・オリンピック委員会が臨時招集され事実上、自国内のバルセロナとベルリンの両方で開催する分裂開催を認めてしまうのである。スペインの政権が人民戦線内閣だったから起こったことである。しかも隣国フランスのブルム人民戦線内閣も同調するのである。

さらにバルセロナ大会には、他の国の有力選手も〈集団〉でエントリーした。ざっと多い順に並べるとノルウェー、スウェーデン、オランダ、ベルギー、カナダ、アメリカ、ギリシャ、モロッコ、スイスだった。有名ではない選手も続々と集まってきた。また参加国も増え最終的にはスペインの四千人とフランス千五百人、スイスの二百人を加え二十三カ国から六千人にもなった。ベルリン大会の方は四十九カ国、四千六十九人だった。開催のエネルギーとしては良い勝負だったのである。

七月十八日、バルセロナ大会開会式の前日の夕方。オルフェ・カタラ劇場で合唱団の仕上げのリハーサルを指揮していた世界的な指揮者パブロ・カザルスにカタルーニア政府から連絡が届いた。反乱軍のバルセロナ攻撃が始まったから立ち去れ、という事だった。カザルスは合唱団にすぐ伝えた。そして別れる前に「しかしシンフォニーを終わりまでやりたい」と提案した。賛成、賛成と全員が叫び、バルセロナ大会の公式行事はカザルス指揮の「シンフォニー」だけで終った。二年半続くスペイン内乱の始まりだった。二十五日には最高評議会が樹立されフランコ政権が動き始めた。（この年十月一日国家主席を名乗った。）

ホテル・アドロン

　フランコとヒットラーはまだ手を結んでいなかったが、欧州には嫌な予感が充満した。

　七月の末、ベルリンのホテル・アドロンにはスペインＩＯＣ委員、フランスの委員も来たが、尻が落ち着かなかったのである。

　なお一九九二年にＩＯＣのバルセロナ大会が開かれるが、首都マドリッドから遠くはなれ、フランス国境にあるバルセロナで開催したのは、競技も始まらなかった一九三六年のバルセロ大会への敬意だったといわれる。

ホテル・アドロンはベルリンの大通りウンターデンリンデンに面していた。ＩＯＣ総会の裏で、オリンピックは分裂の危機にあった。会長のラトゥルにとっては東京とヘルシンキの戦いなど、優先順位の低い心配に過ぎなかった。バルセロナの動向とヒットラーのやり方によってはベルリン大会が最後のオリンピックになるかもしれなかったからだ。

「カノー」人気

嘉納と副島がベルリンで再会したのは七月二十四日だった。副島はロンドンから民間飛行機で入った。

ベルリンには日本人の新聞記者も多く、日本が国を上げてオリンピックに来て欲しがっているのは、他国のＩＯＣ委員にも分かった。この雰囲気は決選投票で日本に有利になることは明らかだった。

副島は病気で休んだオスロ総会からあと今日までの変化を思った。オスロ総会の騒ぎは一年半しか前でなかった。あの時も「東京」は生きるか死ぬかだった。しかし日本の熱気はもう少し醒めていた。それにくらべ今回はひどく高ぶっていた。新聞記者によると決定は、一面のトップを空けているとの事だった。

ＩＯＣ委員の多くが宿泊していたのもホテル・アドロンであった。総会前にホテル・アドロンは各委員たちのサロンになっていたのである。票読みやらなにやら、歩き回っていた。副島には前回杉村がしたことが、ガラの悪い行為と非難された理由がわかった。日本人はパーティーのやり方を知らないのだ。

そこでの人気者は最高齢の嘉納だった。「ミスター・カノー」「ムッシュー・カノー」と呼び止められることがいかに多かったか。

副島は体協会長になった徳川家達が人気者になるには歳を取りすぎていると思った。杉村が嘉納から講道館館長を継ぐ話はあるらしいが、ＩＯＣ委員に返り咲くことはあるまい。残念なことにムッソリーニを取り込んだコストだった。副島は日本国内では一九四〇年（昭和十五年）にのみ開催することが期待されている東京五輪の運命を考えざるを得なかった。

嘉納は副島を呼び止めた。

「新聞記者が言っておったぞ。七十七と六十六の組み合わせは縁起が良いそうじゃ。西洋にも良い組み合わせはあるのかの」。

嘉納が七十七歳、副島が六十六歳。嘉納は深刻な表情の副島をリラックスさせようとした。副島は「十二歳と二十五歳の組み合わせならクリスマスでしょうが」と真面目に答えた。嘉納は副島はあい変わらずだなと、笑わずにはおれなかった。

一番明るいのはアメリカのガーランドである。「日本はいい。それにカノーはＩＯＣの一番古いメンバーだ。一度日本でオリンピックをしてみようじゃないか」とヤンキー調を振りまいていた。

この日も副島は日本人記者から票読みを聞かれた。

「全く予想はつかない。たしかにイタリアは必ず日本に投票してくれるとの約束だ。しかしアメリカは三人の委員のうち一人は欠員のまま。シェリル将軍が大会の直前に亡くなられた。後任にブランデージ氏がなるというが間に合うかどうか。ガーランド氏は日本に入れてくれるだろう。それでは一票しか確実でないということだ。スウェーデンのエドストローム氏はヘルシンキを推す義理があるかもしれない。ロンドン問題の余波が英国、欧州にどういう影響を与えるか、予想がつかない」。

副島は総会開始まで、こういう言い方しかしなかった。嘉納は日本を発つ前「まあ五分五分より、少し有利、という程度かな。世界のことというのは、日本でそう簡単に予想できるほど単純なものではない」と言い置いてきた。

ラトゥルだけは「各国の大勢は、もう大体決まっているようだ。結果は分からないが、ここでは日本代表は余り露骨に動き回らないほうが良い。日本代表に出来ることは、余裕の態度を見せて委員たちの反感を買わないことだ」と聞きにくいことを言って来た。

とはいえ嘉納も副島も、各国委員に愛想を振り撒かないわけには行かなかったのである。

開会前、スペインに政変

そこに大きなことが起きた。副島がロンドンにいた頃、スペイン領モロッコで反乱を起こしたスペイン軍が本土に進行し二十五日には革命評議会を樹立した。評議会のフランコという将軍が新政権を作る勢いだった。

これにはスペイン代表は驚いて帰国した。スペインのＩＯＣ委員は、反ナチのバルセロナ・オリンピックがベルリンに対抗して独自に開かれそうだったことは知っていたが、新政権が出来ればＩＯＣ委員の地位を失う可能性があった。帰国は仕方ないところだった。

しかし、ホテル・アドロンで一番話題を集めたのは、中国の意気込みだった。ＩＯＣ委員の王正廷は開会直前に来るということだったが、三百人もの大デレゲーションが二十二日にベルリンに着いたのだった。蒋介石は記者やら医師やら軍団を船でミラノに上陸させた。

中国は前回のロサンゼルス大会では、参加選手は陸上の劉長春一人だった。ＩＯＣ委員の王正廷も行かなかった。

ところが今度は王も来る。王は親米英派。次のポストは米国大使という噂だった。しかも団長は戴季陶だった。戴は一九〇五年に日本に留学し日本大学を正式に卒業していた。孫文が日本に来た時、日本語の通訳を務めた。そして孫文の秘書から国民党に入った国民党の長老だった。この時は考試院長だった。王が親米英派なのに対し、戴は知日派といえた。ロサンゼルス大会に劉長春一人を連れて行った沈嗣良が今度は大選手団を引っ張ってきた。

なぜ急に中国はオリンピックに熱心になったのか。なにより蒋介石政権は奥地に押し込めたはずの毛沢東、朱徳の共産党軍が反攻を始めていた。五月末には上海の抗日運動が、蒋介石政権に連共抗日を要求しだした。これは日本と全面戦争にいたるか、国民党が親日・抗日で分裂するか、分かれ道だった。どちらに向かうにしても蒋介石には二・二六事件の後、就任したばかりの広田首相が外相時代から二年間続けてきた広田外交と手を切らなければならなかった。

日本とは英米の協力で進めている中国の幣制改革に日本の協力を引き続き求めていた。それに反対しているのも日本の陸軍で、この時蒋介石には、日本との大戦争も予想せざるを得なかったのである。

手品をしていた蒋介石と王正廷

もう一つ重大な国際問題を蒋介石は抱えていた。それは遠いドイツとの関係だった。第一次大戦で敗北したドイツの軍人と軍需産業は失業したようなものだった。そこでドイツ軍の再建役になったのはハンス・フォン・ゼークト将軍だった。ゼークトはドイツ軍の実力維持に様々な手を打った。その一つが外国軍への協力だった。もちろん資金など利益を得るのである。ソ連、トルコなどにドイツ軍人は兵器業者とともに出稼ぎに行ったのである。

そんなドイツ軍人の一人マックス・バウアー大佐が五・四運動の指導者・朱家驊中山大学教授と昭

和二年に上海で会う。蒋介石はバウアーに中国軍の顧問への就任を要請した。昭和三年にバウアーはドイツから三十人の将校と共に中国に戻り、蒋介石の士官学校ともいえる黄埔軍官学校で指導を始めた。最新鋭の武器もドイツから輸入したのである。

昭和七年、満州事変に続く第一次上海事変が起きるとドイツ軍事顧問団が指揮し、ドイツ輸入の武器を使う中国軍が上海市街戦で、日本軍に頑強に抵抗した。しかも、その後日本軍が熱河省に進行し万里の長城を挟んで中国軍と戦ったとき、中国軍を指揮したのはドイツのヴェッツェル中将だった。

日本軍もドイツの協力は知っていた。銃、弾丸の威力が違い日本兵の死体の山が出来たからである。しかし日本からの増派で中国軍を破るのが日本の戦法になった。日本の兵士を増やすのは、優秀な武器を買うより安上がりだったからである。

このドイツと蒋介石の関係は、さらに深まるのだった。広田外交で日本とは〈東の間の平和〉の時期、蒋介石は共産党、軍閥と戦い支配権を確立したが、背景にはドイツ軍の協力があった。しかも軍事技術を中心に、ドイツの産業界と上海の重化学産業は深い関係を結び、中国の経済発展の原動力ともなるのである。

しかし昭和九年になると中国は来るべき日本との戦争に備えて上海、南京の間にたくさんのトーチカを築くのである。トーチカとはコンクリート製の弾除けの陣地である。第一次大戦はトーチカ戦になった。トーチカ戦は相手の大砲に負けないコンクリート技術の勝負である。

話をベルリン大会に三百人のデレゲーションを送った中国の置かれていた状況に戻そう。ナチの台頭は日中の連携が強まる可能性が高まっていた。中国にとってはドイツの協力を確認するためにはヒットラーが異常に力を入れているベルリン大会に協力するのが最も有効だった。

しかし蒋介石にとって、共産党の成長を考えると広田三原則の柱「反共」のための日中連携は、当面ますます貴重になった。

そこで蒋介石は、ベルリンに向かう王正廷に厳しく求めた。次の一九四〇年に日本が「東京」でオリンピックを開きたいなら、中国は「東京」に投票すべきだ。反日で売ってきた政治家の王は抵抗した。政治生命が終わる可能性もあったが、それより日貨排斥運動を裏切った印象をもたれれば暗殺される恐れもあった。

王はもともと秘密投票なのだから、直前に大使を通じて、日本政府に報せてやれば喜ばれるだろうと反論した。

蒋介石は演説の中で明確に東京支持を打ち出さなくては意味がない、と嫌がる王に迫ったのである。この時、蒋介石は王をなだめるために王の米国大使への就任を交換条件として認めたとも言われる。

王はそれを承諾して、戴季陶の率いるデレゲーションとは別に上海をたった。蒋介石より二歳年長で、すでに長い外交経験のあった王は、これから日本との間で起こることに頭を巡らした。米国大使の就任は上海と南京の嵐のような政治から足を洗えということでもあった。

王は蒋介石の狙いを探るのに疲れた。蒋介石は共産党との戦いに勝つため日本、ドイツ双方を手玉に取る手品を考えているのだろうか。ドイツ軍人とドイツ産業界はタングステンなど中国の資源欲しさに蒋介石のやることに文句は言わない。所詮傭兵でもあった。新しい主のヒットラーに文句を言わせなければ文句はないはず。それで歓心を買うため大デレゲーションを送った。一方日本は国民党の中で反共産党の汪兆銘と盛んに接触している。蒋介石が汪兆銘を日本との交渉役にしているのか、汪兆銘も損な役回りに嫌気が差しているようだった。いずれにしても蒋介石にとって今は、日本との関係悪化は困るということだ、と王正廷は納得していた。

ただ王は、それも日本軍が広田首相の意向を裏切って戦争を始めれば蒋介石の手品もおしまいなのだが……と呟いた。その王正廷がアメリカ、ヨーロッパを気楽に回ってホテル・アドロンに到着したのは総会二日前だった。

フリピンから届いた一票は「東京」

総会が開く前にラトゥルはフィリピンの一票が「東京」に投じられたことを知っていた。

フィリピンの一票は電報での投票で到着していた。フィリピンはすでに体協事務総長のイラナン博士が引率して三十人の選手をベルリンに送っていた。人数は少なかったが有力な選手が多かった。

共和国になったばかりのフィリピンは今回の大会に特別の意味を見出していた。ここでケソン大統領の秘書のヴァルガスがＩＯＣ委員に任命されなくては、当分、スポーツでもアメリカの属国である、と感じていた。

イラナンはラトゥルに、ヴァルガスは国内政治が忙しいのでフィピンは電報で投票したいと伝えた。ラトゥルは電報を打った。

「ジョージ・ヴァルガス、ＰＡＡＦ（フィリピン・アマチュア競技連盟）会長殿

貴殿のＩＯＣ委員への選任をここに喜んで通知する　ＩＯＣ委員長　バイエ・ラトゥル」

年来の二つの夢、ＩＯＣ委員就任とアジアでのオリンピック開催決定が目前に迫ったヴァルガスは久方ぶりに興奮した。返事に「ＩＯＣ委員としての栄誉を頂き、心から感謝します。私は一九四〇年のオリンピック大会の会場として、東京に投票します」と電文をしたためたのであった。

東京有利の情勢

ホテル・アドロンの由緒ある「鏡の間」での七月三十日午前のことである。イギリスＩＯＣ委員のアバーディアは立ち上がって声明を発表したいと言い出した。

「イギリスは今回、ロンドン大会の立候補を辞退する」と声を張り上げた。

そして続けて「それは今回の申し込みは急であり、オリンピック本来の精神に反するとの結論に達したからであります。ロンドンは次期一九四四年に改めて立候補する」。

これで終った。副島はチェンバレンの約束が守られたことに心の中で感謝した。

日本の新聞記者は時差八時間の翌日の朝刊に「ロンドン辞退。東京俄然有利に」を打電した。会議は三十、三十一日の午前午後の四部構成になっていた。これで四分の一が終ったのである。

二十九日午後四時からベルリン・フンボルト大学で開かれた進行予定の事前打ち合わせ会議では、すでに「大会出席者は五十二人、欠席による書面投票は十四通が届いている」と確認されていた。合計六十六票。

永田東京市長以来の日本の六年の努力は、あと一日で結論が出る。

中国代表、公人として東京を支持

三十日午前十時、委員の全員が「鏡の間」に集まった。ＩＯＣ委員長のラトゥルが開会を宣言した。

ラトゥルは現在立候補地として残っているのは東京とヘルシンキである。私がつぶさに見てきた限りでは東京は欧米の諸都市に比べ、環境、気候、施設、大会に対する熱意において変わるものでないと発言した。

このラトゥル発言は、一部の国からは不満だった。しかし、決まれば初めての遠いアジアの国だから視察結果を報告するのも当然だという見方もあった。

ラトゥルが最初に発言を指名したのは「ＩＯＣの最も古い委員である日本の嘉納治五郎」だった。

嘉納は英語で「近代オリンピックの精神は、一国一民族の所有するものでなく、すべての国すべての民族に解放されるものである、と信じる」「アジアの一角に全世界の若者が集う時、世界は新しい平和への幕開けの時を迎えよう」と結んだ。

嘉納らしい格調に富んでいた。続いて立った副島は日本がこの大会のためにすでに選手一人に就いて百五十ドルの遠征費用を用意しておりシベリア鉄道は全コース半額を約束している。また東京市が現在用意している予算は七五万ドルであるが、さらに必要に応じて世界の若者を迎えるにふさわしい対応をとることが出来ると、付け加えた。

午前中の会議は、副島の説明で終った。

午後の会議は二時から始まった。ラトゥルに指名されたフィンランド代表のエルンスト・クロギウスがヘルシンキの説明を始めた。

クロギウスの説明は迫力に欠けていた。このため三人の委員がヘルシンキの施設、交通などを説明した。しかたなく再度立ち上がったクロギウスが「ヨーロッパの小さな国はとても東京まで行く費用の負担に耐えられない。日本は大国の襟度をもってヘルシンキに開催地を譲っていただけないか」とあまり元気の良くないことを言った。

ここで挙手をしたのは中国の王正廷であった。会場は中国代表が何を言うのか、耳をそばだてた。

「私はキリスト教徒であり、個人としては、いつも弱いものの味方である。フィンランド代表の言葉には打たれるものがあり、同情を禁じえない。

しかし、一度公人の立場にたてば、私はアジア人の一人である。歴史的に光栄あるオリンピックが史上初めてアジアで行われることを考えると、私は東京を支持せざるをえない」。

嘉納も副島もビックリした。しかし日本と中国の関係を知っている他の委員はもっと驚いた。しかも、王は、中国の中でも日本の敵の政治家のはずだった。このことに会場はざわついたのである。

この頃から、会場は異様な雰囲気になってきた。欧米委員の大半は、アジア初という言葉にアジアの国がこんなに感動するとは思わなかったのである。インド、トルコの代表の顔を、隣の欧米代表が覗き込んだ。

王の後に手を上げたのはアメリカのIOC委員のガーランドであった。アメリカからはもう一人、ブランデージが来ていた。しかしボイコット問題を片付けてベルリン大会参加を決めた主役のブランデージは次回大会には興味が失せていた。また米国東部から東京は遠すぎた。「東京」はカリフォルニアのガーランドに任せた格好だった。

ガーランドは「私は皆様のお陰でロサンゼルス大会を成功のうちに終らせていただいたが、日本は世界のどの国に比べても、最も熱心なオリンピック協力者であった。アメリカ人の一人として、私は信念をもって東京開催を支持する」。

結局、次回開催地についての話はこれで終った。明日三十一日の午後三時から決選投票が行われることを決め散会した。

東京三十六票、ヘルシンキ二十七票

投票は順次、無記名で行なわれた。しかし嘉納、副島の前で、わざわざ「ＴＯＫＹＯ」と書いた委員もいた。嘉納に握手をした委員もいたのである。

「東京三十六票、ヘルシンキ二十七票」、投票結果がラトゥルから発表された時、嘉納は思わず拳を握り締めた。副島は膝が震えて仕方がなかった。

副島は嘉納の横顔を見て「嘉納さん」としかいえなかった。嘉納は「予想外の大差だったな」といって大きく息をついた。

東京日日新聞

次のオリムピック大會

果然!! 東京に凱歌

36票對27票でヘルシンキ一蹴

極東に飜る初の五輪旗

最後の委員總會開く

東京日日新聞・昭和十一年八月一日。嘉納（上）と副島（下）

「鏡の間」に至る廊下は、日本を中心に新聞記者でごった返していた。結果を待ち構えていたのだ。午後六時四十五分、待ちに待った扉が開いた。会議は三時間以上に及んだ。数人の委員が一緒に扉を押した。「どこに決まりましたか」日本の記者の英語が飛んだ。

「トウキョウ！」

記者は連絡用に取ってあった部屋に走った。扉の前はウワーっと言う騒ぎになった。

「東京オリムピック！　正式決定〈東京遂にかてり〉」、（東京朝日新聞）「果然!!　東京に凱歌　極東に翻る初の五輪旗」（東京日日新聞）、「聖火・五輪の旗日本に来る！　おお今ぞオリンピックは我らの手に！」（読売新聞）。

ベルリンの午後六時は、東京の八月一日午前二時だった。電信が届くのは二十分だった。八月一日朝刊の所もあれば号外を出した社もあった。

東京市の市設案内所に電報が届いたのは午前三時六分だった。所長の清水照男は三日三晩徹夜だった。決定が伝えられると泣きながら永田秀次郎にすぐ電話で伝えた。牛塚虎太郎市長も寝ずに待っていたが、「東京」と聞いて涙滂沱としたが、拭おうともせず乾杯を重ねた。

首相の広田は「これは、わが国関係者の努力もあるだろうが、世界各国のわが国に対する正しい理解の結果と解され、一層の喜びである」との談話を発表した。

首相の談
日本を理解の表象
吉報に接して欣快
第十二回オリムピック大會が東京で開催される事に決定したといふ通報に接し寔に欣快に堪へない、これは我國關係者の努力に負ふ所も固より多からうが、世界各國の我國に對する正しき理解の結果と解され一層本懐の至りである、大會の開催は恰も我が皇紀二千六百年に當り、我國にとつては特に記念すべき年に行はるるのであるから、我國民は宜しくこの大會を最も意義あるものたらしめ、大いに我國民體育の向上に資するの外我國民性の長所を全世界に向つて發揮するためこの好機を空しうせざらん事を切に希望する次第である

広田首相の談話／東京朝日新聞・昭和十一年八月一日

副島はベルリンからのラジオ放送で感激の余りマイクの前で泣いた。声を詰まらせながら「日本は世界のこの信頼に背かず、一九四〇年の大会を意義あらしめねばならない。イタリーといい英国と言い、譲るべきは潔く譲ると

いう精神を日本も学ばなければならない」と皇紀二千六百年とも言わず、持論の国際協調の精神に沿って喜びを語った。

続いて嘉納は「思いがけない大勝利だった。二十四年前に金栗、三島の両選手を連れてストックホルムに行った時はまるで勝海舟が渡米した時のような気持だった。東京での開催はオリンピックが真に世界的なものになると同時に、日本の真の姿を外国に知ってもらうので二重に嬉しい」。

翌朝、副島は朝少し遅く起きた。嘉納は先にコーヒーを飲み終わり英字新聞を見ていた。ロイターが日本に投票した国名を挙げていた。イギリス、アメリカ、フランス、ドイツ、イタリア、ベルギー、アルゼンチン、チャイナ、フィリピン、その他……」。その他だから、結局全部は分からなかった。

嘉納は「中国とフィリピンの名があって本当に嬉しい。これでやっと面目が立った。それに西洋主要国の全てが日本に名前を書いてくれたことが嬉しい。これで東京でオリンピックを行う意味が本当に出来たと思う」。

副島は疑問を呈した。「私は何度も四十四カ国、六十六人のＩＯＣ委員の名を書いて表を作った。西欧主要国に日本を加えて高々二十票。それにチェコ、ベルギー、ハンガリーなどをいれても、どうしても三十六票にはならない」。

嘉納は「同じ事をやってみた。絶対ヘルシンキに入った票を考えると、インド、トルコ、エジプトなどが協力してくれたとしか考えられない。しかしこれ以上考えても頭が痛くなるだけだ。止めておこう」と票を数える作業を断念した。不明の三票は棄権かどうか追及しきれなかった。

引っかかっている副島に嘉納は「三十六票の重みは日本が世界に公約した重みだ。日本政府が、関係者が、日本国民が、その数の重みを本当に理解して、これから日本が進んで行くことをただただ祈るばかりだ。本当にそうなって行くだろうか」と語ったのだが、副島には嘉納が困難を予想しているように聞こえた。

副島は中国と日本の関係が気になった。

始まったベルリン大会で日本選手が大活躍した。それもあって東京では八月三日からは提灯行列が始まった。三日間も行われたのである。

一方中国の大選手団は、サッカーが唯一、ペルーを一回破っただけで、あとは全て予選落ちした。王正廷と沈嗣良は大会が終了した日にヒットラーの官邸に招かれ、内相のフリッツから名誉勲章を受けた。王は選手団に「次の東京大会こそ、君たちの実力が問われる時である。我々は、アジアの中で行われる大会で、今度こそ世界に実力を見せねばならない」といった。

中国の選手団は大敗にも気にしなかった。海外を勉強できたからだ。

これらの動きは、上海の最も信頼されていた新聞「申報」が連日中国選手の〈活躍〉と競技記録ともども報じていた。

王の「鏡の間」での発言も「申報」紙面の中では大きな扱いだった。「王委員、突然発言」とある。

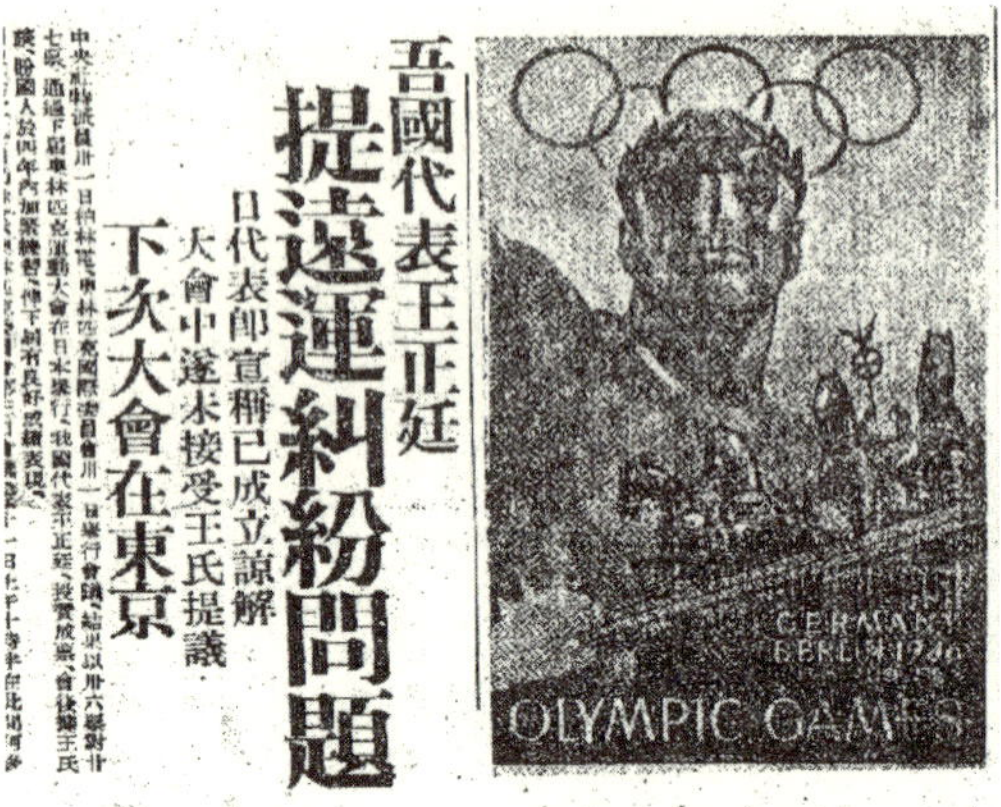

吾國代表王正廷
提遠運糾紛問題
日代表即宣稱已成立諒解
大會中遂未接受王氏提議
下次大會在東京

ベルリン総会での王正廷の発言を伝える「申報」の記事

しかし記者を驚かせたはずの突然の発言の中身は違っている。「遼東（アジア）大会のことで」となっている。推測だが王は、抗日意識の高まる上海の新聞に東京大会に賛意を示した文言を消そうとしたのではないか。あるいは本当にアジア大会との共存を日本に求めた形をとって東京への投票を宣言した発言だったが、日本側はそんな部分は聞き落としたのかも知れなかった。じつは日本の新聞にも王は棄権を希望していたが、副島と別室で交渉した場面が出てくる。王が「東京」と書いた証拠は消されている。いずれにしても暗殺事件に遭ったことのある王の作戦だろう。王はまもなく約束通り駐米大使になったが、ＩＯＣ委員には留まったのである。

第十四章　ついに返上

昭和十一年、オリンピック景気に沸いた

ホテル・アドロンでの勝利のあと、日本は東京オリンピックに沸く。

マスコミが大々的にオリンピックを取り上げたのは当然である。これに留まらなかった。東京を中心に庶民の風俗にオリンピックは引っ張りダコになるのである。

若い女性にはオリンピックヘアーという髪型がはやった。

五輪のマークを模様にした服は男女を問わず人気があり、銀座、浅草を闊歩した。宝塚少女歌劇ではオリンピックをテーマにした「起てよ若人」というショーを演じた。これが人気を集めたのである。

行政も乗った。国鉄はオリンピックのための朝鮮、満州との間で人の往来が増えると踏んで東京～新京（現在の中国の長春）の間を走る列車を二十四時間短縮する計画を立てたと発表した。「経済知識」

という雑誌は九月号で、オリンピックでの儲け方を特集している。裏から読むと東京は旅館や通訳が決定的に不足していた。

このオリンピック人気には、東京決定のあと繰り広げられたベルリン大会の凄さに煽られた面があった。新聞報道に加え、ラジオ放送がこれほど威力を発揮するイベントは、歴史的に初めてであった。

開会中ヒットラーはまだ牙を剥いていたわけではない。このため日本の知識人も繰り広げられるページェントに魂を吸い寄せられた。

例えば詩人の西条八十は開会式をみて「ナチス王国でのオリンピアードはすべてが劇に始まり劇に終わる。余はこの世界的なる劇を眼前にみたことを四〇年の生涯において最も生き甲斐のあるものに感じた」(朝日新聞八月二日)と手放しで感動してしまったのである。

ベルリン大会の盛況に比べられては

しかしこのベルリン大会礼賛は、日本のオリンピック推進者にとって四年後に比較されることに重荷を感じる原因になっていった。

東京市はさっそく「オリンピックのための都市美一新」「大日本の威容を全世界に誇示するために」とのスローガンで当時の金額で一千万円の予算を組むと発表したのである。

ベルリンに比較される大変さが関係者を徐々に困らせるのである。

平沼亮三体協副会長は当時の気持ちを回想して戦後次のように書いた。

「何でもドイツ政府がオリンピックに投じた総費用が八千万マーク、当時の日本の金に換算して殆ど一億円近い金を投じたという話、非常に壮大といはうか贅沢といはうか、我々からみると、これはやり過ぎぢゃないかと思われた」（「スポーツ人生六十年」）。

嘉納の心配、副島の恐れ

鏡の間で大喜びをした直後から嘉納と副島には手放しで喜べない所があった。二人とも談話の中に、日本人のこれからの努力が大切などと話していたのは、このためである。

嘉納はヘルシンキと九票も差がついたことにこだわっていた。嘉納は良くて六票差と見ていた。大差が付けば、それだけ国民は大勝利の夢に浮かされる。皇紀二千六百年の国威発揚が世界に認められたように錯覚する恐れを嘉納は感じていた。

外交通の副島の方はもっと切迫していた。「私が外相の間に戦争はない」と言い切った広田外交も二・二六事件後首相になると威力が落ちた。副島には中国攻略を急ぐ陸軍の我慢が限界に来たのだと分かっていた。その時東京オリンピックはどうなるのか。

ベルリン大会が無邪気なファシズムを呼ぶ

嘉納と副島の二人に共通した危惧は、まず関係者の中に必要以上にベルリン大会を礼賛するものがいることだ。IOC総会では欧州小国のドイツ嫌いが積み上がり、日本の九票差勝利になった。その裏話を日本で公表出来ればしたいほどだった。

この危惧は決定前からあった。東京市の監査局主事の磯村英一が六月に東京市の招致使節としてヨーロッパに向かった。磯村はヒットラーへの土産として黄金造りの太刀、紋付羽織・はかま、足袋、下駄を携帯していた。ところがシベリア鉄道でソ連領にはいるとき係員に不審がられ一時拘束されたという事件があった。嘉納も黄金造りの太刀と聞いてそのアナクロニズムに顔を曇らせた。まさか武道の精神をこういう風に理解していないだろうなと疑った。

しかしナチかぶれの「東京」大会関係者にはもっと大物がいたのである。ドイツとの日独防共協定の締結を広田首相に進言していたドイツ大使館付武官の大島浩が十一年の一月に体協推薦のアタッシェとしてベルリン大会組織委員会（OOC）会長のレワルトと東京について会談していた。そのことは嘉納、副島も承知していた。大島は陸軍の「東京」大会推進役となった。しかし大島はこの十一月には日独防共協定の締結に成功する。大島にとって日独防共協定への道の先に「東京」大会があったのである。

こうした日本のドイツ傾斜はIOCも知っていた。ラトゥルが「鏡の間」でしつこいほど日本の政治的動きを抑えたのは日本のナチ傾斜が会議の話題になることを警戒したのである。

外務省の手を離れたオリンピック

副島には広田内閣に不満があった。東京オリンピックを推進する母体をどうするのかはっきりさせなかったからである。招致に漕ぎ着けたのは広田の支持のもとで駐イタリア大使杉村、駐ベルギー大使の有田八郎らが動いた。ところが招致が決まってみると、首相は広田、外相は有田なのに外務省は元気がなくなっていた。

副島は、オリンピックをどう実現するかという内政問題になると外務省はからきし元気がなくなるに違いないと見ていた。外務省はそういうものだと日露戦争からずっと見てきたのが副島であった。すでに内務省の流れである東京市は節操もなくヒットラーに会いに行ったり、万博計画を打ち出したり、提灯行列で国威発揚に向かったりしていた。オリンピック招致計画の元になった紀元二千六百年計画も元をただせば、内務省系の運動だった。

副島は外務省が内務省にバトンタッチするのは当然でそれで良いのだが、戦争礼賛のオリンピックになる危険を感じていた。

副島はかつて首相を辞めた斎藤実を体協会長にして軍に睨みを聞かせようとした。そこで担当大臣の平生釟三郎文相と会った。ところが組織委員会（OOC）の人選に就いて平生は、政府が決めるものだとして副島とケンカになった。平生は財界人出身の政治家だった。

平尾にしてみれば組織委員会のメンバーには十分気を配っていた。決定したあと、組織委員会については嘉納、副島の帰国を待って公表することに決まっていたのに、体育協会からは世界的なオリンピックを紀元二千六百年という記念事業に包含されることは許されないという政治とスポーツの分離という原則的な要求が出て、平生は組織委員会の人選に神経質になっていた。

外務省も「第十二回世界オリンピック大会に対する方針案」が作られた。こちらは国際親善を強調して「政治的色彩アル積極的宣伝ヲ為スコトヲ絶対ニ避クルコトヲ要ス」と国際協調のめざす役所として当然の方針を打ち出した。こういう状況のなかで平生には紀元二千六百年との関係を調整しなければ内閣の政治問題になることが分かった。担当相になると、オリンピックの調整役（担当省）になることがこんなに面倒臭いのかと嫌気が差した。

文部省は、体協の大島又彦専務理事に正式の声明書を出させてオリンピック実行の基本方針を示した。

「日本精神の精華を全世界に意識せしむるとともに日本文化の真価を紹介する絶好の機会」。

「御祭り騒ぎを避ける」。

「経費については国家の対面を損せざる程度に按排調節」。

これを組織委員会人事に体現するのが平生の仕事であった。

組織委員会の人事が決まってみると、会長に徳川家達がなった。牛塚のあとに東京市長になった小橋一太、後に日本体育協会会長になった下村宏（朝日新聞副社長）ら二十六人。副島道正も入った。陸軍次官の東条英機、海軍次官の山本五十六も入った。二人はたまたま次官だったからである。しかし山本は副島に対して「海軍は、私の責任でできるだけ協力する」と電話をかけてきた。

しかし嘉納は入っていなかった。総花的に加えた各省次官程度の人びとの中に高齢の嘉納を加える必要はないというのが説明だった。

九月に平生はラジオ放送を行った。オリンピックのための「国民の覚悟」として第一に「日本全国民が確乎不抜の日本国家観念と光輝ある武士道精神とを益々明徴せしめ、以て我が日本の世界の列強間に於ける正しい地位を確認すること」を挙げた。

要するに、紀元二千六百年の意義を、こうして飲み込めばオリンピックをやる、という考え方である。財界出身の文部大臣には体育、心身鍛錬という発想さえなかった。

これに対して、東条英機にかわって陸軍次官になった梅津美治郎の方がかえって積極的だった。十二月七日平生文相が徳川家達、嘉納治五郎、副島道正、牛塚虎太郎、平沼亮三と陸軍次官の梅津を招いて懇談会を開いた。この会で梅津の発言は重んじられ、結果基本方針が決まった。

「運動競技の国際的大会を実行するの観念に捉われることなく現在のわが国の諸情勢を深く省察しかつ建国二千六百年に行う特殊の意義を鑑み国民精神の発揚と古今諸文化の示現に留意して来朝者は

勿論広く海外にわが国も実相を認識せしむるに遺憾なきを期すこと」。

オリンピックを実行する中心が、外務省から文部省と陸軍に移るにつれて、国民鍛錬に目的が移ってきた。

オリンピックは国民鍛錬のために

しかしベルリン大会のあとは、満州国体協の独自参加論も消えた。

まだ戦争は始まっていないが、陸軍にとっては兵員の動員を考えるのは当然だった。外国向けの新聞、「ジャパン・アドバタイザー」の十二月九日号は「陸軍次官は力説する。大会は国家的舞台の上で」と見出しを掲げ、軍がオリンピックを主導している姿が報告された。

十二月三十日駐ドイツ大使の武者小路公共はベルリン大会のOOC会長、レバルトから注意を受けた。武者小路が有田八郎外相に翌一月四日に連絡するほど欧州は日本の〈変化〉に怒っていた。「『レイワルド』ハ三十日本使ニ日本ニ於イテハ次回大会ヲ全ク国家的ノモノトシテ挙行シ国際的意義ヲ没却セントスル傾向アリトノ噂当方面ニ伝ハリ『ラツール』伯甚ダ憤激シ居ル旨ヲ語リ（略）然ルヘキ向ノ注意ヲ喚起セラレタシ」。

こうなると、日本は戦争の準備のためにオリンピックを開催するのかとラトゥルに疑われているようなものだった。ドイツから忠告されたのに驚いたのである。

しかし日本の戦争向きオリンピック議論は早くも競技種目に現われたのである。槍玉に挙げられたのはフェンシングであった。

十二月末の第二回OOC会議で体協が出した原案では、わが国には剣道が厳然と存在しているので、欧米にならってフェンシングを輸入する必要もなく、フェンシングの輸入は我が剣道を毒するものだとの意見があるので検討を要するとのテーマが出された。そして一月の第四回会議で、フェンシングは近代五種とともにIOCとの「諒解」を条件に開催しないことを決定した。

しかし副島にはラトゥルから抗議があった。そして、次に開かれるワルシャワ総会では、それは認められないだろうとの見解が届いていた。このため副島がワルシャワに出発する前にフェンシングは競技予定に組み入れられた。

河野一郎が反対の口火を切る

オリンピック招致には政党人の発言が少ないのが特徴である。満州事変、五・一五事件の後、政党の力が衰えていたからである。三月二十日に政友会の若手代議士の河野一郎がオリンピックに疑問を呈している。「一触即発」という満州情勢の中で、国民の緊張を作ってゆく林銑十郎首相の考えと、オリンピックという国際平和の殿堂を築こうとする政府の考えは矛盾しないかと糾したのである。林銑十郎は満州事変の時、朝鮮から軍を率いて国境を越えた越境将軍である。

今では右翼的考えの権化のように見られている林首相だが、満州とオリンピックは次元が違うという判断を示しオリンピックは「結構なこと」と述べている。まもなく衆参両院で国庫補助四百三十万円が可決された。

副島、ワルシャワ総会で矢面に

結局、日本国内では東京オリンピックをどう位置付けるかまとまらない状態だった。準備が進まない中、結局「白紙」の計画書を携えて副島はIOCワルシャワ総会に向け昭和十二年四月二十八日横浜を出発した。副島には憂色が濃い旅立ちとなった。

ワルシャワ総会ではラトゥルは準備の進展が遅いことに不満を示した。そして、次回のカイロ総会には副島のようなIOC委員ではなく、日本のOOC委員（の中心人物）に来て欲しいと要請があった。IOCが推薦した技術顧問との契約が行われた。

もう一つ日本に厳しかったのは、一九四〇年冬季オリンピックを札幌で開催することを迫られ決定したのである。

冬期オリンピックの開催は権利でもあったが日本には経費的には負担で明確な回答をしていなかった。また副島はいずれ国内で問題になるのではないか、と考えた。

実際、副島は詰問されにワルシャワに行ったようなものだった。日本は「競技を純スポーツ的立場から離れて政治的に利用しすぎやせぬか」と文句を言われ、日本の「組織委員会の事績が上がらぬ」と不満が出た、と副島の技術随行員が記録している。

しかし副島は東京への報告書の最後で、自分を励ますように、日本の面目を守るべきだと書いた。面子の問題になってきたのである。

「夏冬両競技を獲得せる日本は、その面目上、必死の努力と莫大なる犠牲を覚悟せざるべからず。（略）英国の某首領本代表に告げて曰く、願くはスポーツを軽視するなかれ。日本人が真に偉大なる民族なるや否やは、或点に於いては東京大会の成否如何に由る。（略）東西民族の接近調和は一にこの大会の成否に由る。真に其の言の如し。我国民が双肌を脱ぐべき時は正に到来せり」。

外人は明治神宮が好きだった

神社建築が外人の眼に珍しく見えたというだけのことではあるが、組織委員会としては神宮の近くは建築費も安くついたので魅力的だった。ところが日本国内では神宮を改造して外国人とスポーツを作るのは良くないという議論が続いていた。

メーン競技場については二案あり、有力案は神宮競技場を改造して代々木錬兵場（現在の代々木公園）に選手村を作ることだった。第二案は駒沢ゴルフ場跡地にメーンスタディアムほか他の競技場にも周辺にまとめる考えだった。

欧州のエリートは日本が神社をどう扱うかじっと見ていたのである。副島はラトゥルの後押しは有り難いと感じながら、紛糾している日本への帰途に着いた。

ところが米国を回ってシアトルに着いたとき頭を殴られたような衝撃が副島を襲った。中国北平（北京）郊外で日中両軍が衝突し、戦火は広がっているとの記事だった。

日中戦争が起きた

昭和十二年七月七日のことだった。中国北平（北京）郊外の盧溝橋の日本軍に一発の銃弾が打ちこまれ、兵隊の一人が行方不明になった。兵士は発見された。しかし現地の日本軍は戦線を拡大した。日中戦争の開始である。

林銑十郎内閣は総辞職し、六月四日に近衛内閣が成立した直後だった。元首相の広田が外相になっていた。四月三十日には林銑十郎内閣が打った〈食い逃げ解散〉による衆院選挙投票が行われ、与党が敗北し、林内閣は倒れた。公家出身の近衛文麿が登場したのである。

成立したばかりの近衛首相が現地解決のみを叫ぶ中、陸軍はまず満州と朝鮮から華北に派兵した。七月二十七日は内地三個師団に華北派遣命令を発した。そして二十八日には華北で総攻撃を行った。

日中戦争は近代的正規軍同士の本格的戦争だった。満州事変ほか昭和に入って起きたこれまでの戦争とは、死傷者の数がちがった。

この間の国民意識の変化は、恐ろしいほどであった。それは戦地に送るための大規模な徴兵が始まったからである。戦時態勢はここで始まった。日中戦争が片付かないまま昭和十六年十二月八日に太平洋戦争に突入するが、総動員体制はこの盧溝橋事件から始まったのである。

東京オリンピックに大きな影響は避けられなかった。

小さなところでは、八月二日には現役将校より七名を馬術選手として発表したが、二十五日には馬匹調教を行う現役将校を選手にするのは事変の進展から見て好ましくないとの理由で、取りやめになった。陸軍新聞班は陸軍のオリンピック開催に対する協力方針は変わりがないと声明した。

この馬術選手問題は、世間に衝撃を与えた。東京葛飾区の本田淡ノ須町会がオリンピック開催反対を決議し、広田外相に要望書を出した。そこには「オリンピック開催地の如きは、この際速やかに関係諸国に宛断り状を呈出」することが政府に求められた。返上論の初めになった。

九月六日には第七十二臨時議会衆院予算委員会で政友会の河野一郎がオリンピックの中止を求めた。「同じホームで一方は戦地に送られる青年がいる。もう一方でスポーツ競技に行く青年が送られている、そんなことが許されるか」との国民感情に訴える明確なオリンピック反対だった。河野一郎は若いが有名人で、早稲田の陸上部で箱根マラソンの常連だった。スポーツ好きの河野の追及は迫力があった。この臨時議会は臨時資金調整法等の適用に関する三大統制法が審議されていたので河野質問に意味があったのである。三大統制法はこの臨時議会で成立し経済の戦時体制が確立された重要な議会であった。

河野は執拗だった。オリンピックでは元首が開会宣言をしているが日本の国体の下では天皇が公開の場でしかもラジオを通して声を聞かせる是非を質している。

しかしオリンピックの計画通りの実施を主張した議員もいた。川崎克である。「このような時こそオリンピックは必要なのだ」。

川崎はその後、翼賛選挙では非推薦で立候補し見事当選し、敗戦とともに代議士を辞任した硬骨漢だった。

近衛首相は「開催スルヤ否ヤトイフコトニツキマシテハ関係ノ団体ト協議イタシマシタ上デ、政府トシテ近ク態度ヲ決メヤウト思ヒマス」と答弁した。

早くも「中止する」の書記官長談話

ところが七日の新聞各紙は内閣書記官長、風見章の談話として「政府はオリンピックを中止する」とのニュースを掲載した。内閣書記官長が気持を明らかにしたものだが、形式的には観測記事だった。これで蜂の巣を突付いたような大騒ぎになった。ＯＯＣは「可能な範囲で準備をすすめ時局安定を待って大会を開催する」と内部をまとめ徳川会長が近衛首相を訪問し協力を要請した。

東京市オリンピック委員会も「規定方針通り之を決行す」と決議した。

これを受けて風見書記官長も九日には決定を先送りすると発言し、事態を収めた。風見章内閣書記官長の宙ぶらりん発言は関係者にはすこぶる評判が悪かった。

即座にプラハ、ベルリン、そしてパリの大使から、オリンピックの中止は日中戦争で日本が苦境に立たされているとの印象を与えるから撤回して欲しいとの電報が外務省に届いた。パリ大使はローマから移った杉村である。

ＯＯＣの永井事務総長は「返上」を「決意すべしとの論は理由ありというを得ない」が「政府もＯＯＣも大会返上を暗示するが如き如何なる態度も表示していない。国民、海外諸国民が誤聞に迷わされざる様切望するしだいである」との談話を出した。

しかし十月になるとＯＯＣがニューヨークに置いている嘱託から、米国では日本の南京空爆以来日本への風当たりが強く、そこにきてオリンピック中止の説が流れ東京オリンピックの一般米国民の印象がわるくなったと連絡があった。

そして九月七日の大阪朝日新聞には副島自身が情勢分析として、「第一は早く戦争に勝利して大会を開催し我が国の偉大さを世界に示す。第二は大会の開催不可能と判断される際には、できるだけ早く結論を出しＩＯＣに返上すること。さもなくば東京に代わって引き受けるところの準備がそれだけ遅れるからである。第三に最悪の場合は自分が大会返上を申し出ようとおもっている」と本音を明らかにし始めたのである。

この見解は、日中戦争がどうなるか、先行きは分からなかった時期だから中途半端な結論になった。しかし戦争が短期に終るとの希望的観測の上に立った開催論でしのがざるを得なかったのである。

南京陥落でも終わらぬ戦争

しかし戦争の方は急速に拡大していた。華北から上海に飛び火したのが八月である。上海の戦線はあのドイツ軍顧問が築いたトーチカとの戦いだった。日本軍は日露戦争の二〇三高地に匹敵する死者、傷病者を出した。政府も陸軍も隠しようがなくなった。白木のハコに入った位牌や遺骨が帰還しだしたからである。

八月十五日首都南京に海を渡って海軍機が爆撃（渡洋爆撃）し、政府は南京政府断固膺懲を宣言し全面戦争に入った。さらに十二月十三日には日本軍は中国の首都・南京を陥落させ、南京大虐殺事件を起こし、それは世界に打電されたのである。東京ではオリンピック決定以来の提灯行列が行われた。

日本政府は首都を落とせば蔣介石も和平の交渉の場に着くと考えていた。このため広田が和平交渉の切り札と考えて十一月十一日に始めたトラウトマン工作の結論を引き伸ばしていた。陸軍が南京陥落後に、勝利の形でトラウトマン工作を本格的に始めたいと工作していたからだ。トラウトマン工作とは蔣介石の国民党軍に武器を売っていたドイツを仲介にして武器提供の中止と停戦を実現する広田の最後の手であった。

しかし蒋介石は南京を捨てて、首都を重慶に移して徹底抗戦する思いもよらない作戦に出た。これに対する日本軍の焦りが南京大虐殺事件という異常な事態を生む。

近衛内閣は昭和十三年一月十六日にトラウトマン工作の終了をドイツに通告すると同時に、「国民政府を対手《あいて》にせず」との声明を発する。

広田外交は失墜した。南京には維新政府という傀儡政権を三月末立てるが、戦火はさらに奥地に広がる。

嘉納が日本政府の計画書を携えてカイロに行くのは「対手にせず」の直後だった。

嘉納、最後にボイコットと戦う

嘉納はカイロ総会で海外からのボイコットに立ち向かうつもりだった。ベルリンより辛い戦いだった。嘉納がカイロでのIOC総会に向かうため東京駅を立ったのは昭和十三年二月十三日だった。多数の見送りを受けて午後一時半の特急で発ち横浜で降り、そのまま東京に帰り、事務の整理を行なった。再び十六日東京駅から岡山に向かい、下関などで原稿を執筆。二月二十一日に門司から船に乗り台北からシンガポールに行く。そしてシンガポールから飛行機でアレキサンドリア経由でカイロに三月八日に着いている。

東京駅で形式的な出発をすることは、当時の有名人にはままあったことであった。しかし七十九歳の老人にしては辛い旅だったといえよう。

三月十二日にはアスワンから会議船のなかで、六回の会議が行なわれた。嘉納は首席代表、永井松三が代表、さらに二人が随員だった。永井らとは現地で会ったようである。

この総会では東京開催が、準備状況などを他のＩＯＣ委員に披瀝して正式決定を得るための総会であった。

国内で中止の意見がたくさん出ていたが、嘉納は自らカイロに行くことを望んだ。「返上」もありうると言及した副島との意見の違いを埋め、日本政府のオリンピック計画をＩＯＣに承認させる積りだった。

嘉納は絶対の決意をもってカイロに行った。

しかし会議は嘉納にとって厳しいものであった。準備が遅れていることに加え、日本国内での反対論がＩＯＣの耳に入っていた。しかし、そんなことより日中戦争がいよいよ首都南京を陥落させ、日本には極めて強い逆風が吹いていた。

四面楚歌だったが、嘉納は「こんどの会議は筏に乗っているような気持ちだった。突き飛ばしに来る人もあれば、足を持って引き摺り落とそうとする者がいる。我々は水中に落ちないように頑張って、やっと対岸にたどり着けた」と笑わせたが、疲労がでた。

しかしラトゥル、米ブランデージ、独ハルトの前で嘉納は、日本は計画とおりオリンピックを開くと言い、松井は「日本の決意は少しも変わってない。アジアの平和と東京オリンピックの実現は日本の最高の希望であり、決意である」とＩＯＣを説得したのである。

嘉納はナイル河の船旅でも、健啖振りを示し、上機嫌であった。

嘉納は二十日にカイロ放送局から日本に向けてカイロ総会の成果を放送した。

この時日本の新聞は「凡ゆる策動陰謀も正義には勝てず」（東京朝日新聞）、「日本の正義〈船上会議〉を制す」（読売新聞）と戦争調の見出しを付けた。ベルリン総会から八ヶ月。日本の新聞は戦意発揚がうまくなった。

そして嘉納と永井は多くの委員とともに三月二十六日アテネで行なわれたクーベルタン男爵の慰霊祭に出席。海路ニューヨークへ行き、ニューヨーク～シアトルは飛行機でつなぎ、シアトルで横浜行きの氷川丸に乗り込んだ。

これから後のことは序章に書いたとおりである。五月四日肺炎のため氷川丸船上で嘉納は七十九歳の生涯を閉じるのであった。

ラトゥルのメモ

カイロ総会の最終日の三月十八日、ラトゥルは嘉納、永井の二人を呼び英語で書かれたメモを渡した。日中戦争の継続に対する危惧を日本に報せるためのものであった。その内容は次のようなものであった。

1　日中戦争が継続していたら中国は東京大会で公平な機会を与えられるだろうか。

2　同様の場合、多くの国は競技団体東京大会に選手を派遣しないだろうし、たとえ出場しても資金確保がきわめて困難になるだろう。

3　東京大会の返上決定が遅延すれば、一九四〇年のオリンピックはどの都市でも開催できなくなる。そうなるとオリンピックの理想は傷つき競技者は失望する。今後アジアでは長期間オリンピックを開催できなくなり、日本の威信は失墜するだろう。

決定的な心配であった。これを総会が終わった後に渡す意味は、今となっては不明である。いや日中戦争が継続される中で、当然の警告だったかもしれない。嘉納のいう筏の上の足の引っ張り合いの実体が、この三点に集約されたのだろうか。そして、このメモは永井の帰国後、日本の政府、組織委員会など関係機関にどこまで公表されたのだろうか。

何はともあれ、その後の戦争と東京オリンピックの行方を知っている者には、ナイル河の船の上でパーティーを繰り返したＩＯＣ委員たちは「東京」の破局を見通していたことになる。

キーワードは中国、ボイコット、返上時期だった。

第一次大戦の経験者であるラトゥルには、この程度の推測をつける能力を持っていたのは当然としても、この段階で日本の内部から情報の提供者がいたのか疑問である。

高齢の嘉納はともかく、外交官である永井が三月中旬から五月初旬まで嘉納に同行し日本を空けた意味は何だったのだろうか。松井は嘉納と副島がソリが合わなくなっていたことを知っていたはずである。

この間日本は南京に維新政府という傀儡政権を設立（三月二十八日）、国家総動員法公布（四月一日）、苦戦した徐州戦線の態勢を立て直すための徐州作戦発動宣言（四月七日）、国家総動員審議会官制公布（五月四日）、ドイツの満州国承認（五月十二日）。そして国際連盟からは日本の毒ガス使用について非難決議案の決定がなされた。

日中戦争の長期化を決意した動きが集中している。徐州を占領した後、近衛内閣は五月二十六日に改造している。

嘉納がカイロ行きの準備をしていた昭和十二年末とは日本は様変わりをしていたのである。広田弘毅は外相を下り、宇垣一成が外相となった。

すでに一月には厚生省の官制が公布され、東京大会の管轄は文部省から、厚生省に移った。

日本はオリンピックで戦争を隠蔽しているの声が起きた

ボイコットの可能性が高まってきたことは嘉納はじめオリンピック招致を引っ張ってきた初期のメ

ンバーには重大事態だった。

昭和天皇の連盟脱退の「詔書」の精神を実現するためにオリンピックの実現に努めたが、今や、オリンピックを強行することが、日本は国際協調が出来ない国という烙印を押されることになりそうだった。しかも日本は中国に宣戦布告をしない腹だった。欧米をごまかす目的だったと言われる。宣戦布告なき大戦争とオリンピック開催の矛盾を突かれるのは当然だった。

もちろん戦争がいつまで続くかが、「返上」決定最大の意思要因になるが、すでに前年九月には米国のルーズベルト大統領は日独を侵略国家として非難する「隔離演説」を行なっていた。そしてこの年の三月十三日にはドイツがオーストリアを合併し、欧州の風雲は高まってきたのである。

海外からの批判が高まってきたのは五月でる。スウェーデンが東京大会の中止の可能性が高いとの報道が朝日新聞（二十二日付け）に掲載された。次いでスイスのオリンピック委員会が東京大会の開催一年前までに日本が中国への軍事行動をやめない場合、東京大会への参加を取りやめるよう各国に呼びかける決議を採択した。

そして米国が動き出した。

六月九日には東京大会不支持を理由として米国の国内オリンピック委員会の二人が辞任した。ハーバード大学運動部長のウィリアム・ビンガムと有力委員のG・マンニングだった。

二十日付けのニューヨーク・タイムズが社説で東京大会ボイコットを呼びかけた。

「ベルリン大会が真の国際平和と親善になんら貢献しなかったように、来るべき東京大会もオリンピック本来の目的達成に役立つことはないだろう。さらに米国選手がベルリン大会に参加したことがナチの宣伝をある程度まで助ける結果になったのと同様に、東京大会に参加すれば日本の宣伝に利用されることになるだろう。

日本政府の行動が数百万人の中国人を死に導き、かつ、その自由生存権をおびやかしていることにたいし、我々は強い義憤を抱いている。それを隠すような態度をとることは偽善よりも悪質な行為である。もし東京でオリンピックが開催されるようになったら、我々は同大会への参加を拒絶することで、日本政府の行動に対する米国民の道徳的判断を示すことが出来る」。

東京大会に好意的だった同紙のスポーツ記者・ジョン・キーランも態度を急変させた。一日後（二十二日付け）に「過ちの根本は、一九三六年、ＩＯＣが東京を開催地に選定した点にある。当時すでに日本は満州侵略を開始していたのだ。この過失を訂正することはいまからでも遅くない。ＩＯＣはただちに東京オリンピックを取り消すべきである」。

ＩＯＣによる開催取り消しは、「没収」という。これは依然として東京オリンピックを擁護していたブランデージへの批判であった。ブランデージはこの段階になると再びナチ・オリンピックをヒットラーに許した戦犯のように攻撃されていた。

全米体育協会の前会長だったジェレミア・マホネーがついに「日本は国際親善の増進と言うオリン

ピック本来の目的を無視して、理由のない戦争を行い、無力な大衆を爆撃している。かかる国でオリンピックを開催すべきではない。ＩＯＣは直ちに東京オリンピックを取り消すべきである」と述べた。

ぎりぎりまで進められた計画

この状況を正確に掴んでいたのは副島である。世界では東京オリンピックへのボイコット論は急速にしぼみ、スポーツ団体の幹部が、「東京」を選んだＩＯＣ批判を始めた。中止を求め出したのだ。それも日本は、中国での戦争を隠蔽する目的で、オリンピックを招致し、開催しているのではないかとの論調に変わりつつあった。

副島もこの半年、一喜一憂していたことは事実である。だが、その間にも副島はラトゥルとの書簡の交換は欠かさなかった。副島がオリンピックを潰した張本人ではないかと戦後関係者の一部から見られた理由である。

しかし、こうした状況の下で、国内のオリンピック歓迎ムードが盛り上がったことを記録しないのは不公平である。関係者間で問題はあった。同床異夢であったが準備は激しく議論され、前に進んだのである。

一つは聖火リレーである。ここにもベルリン大会に匹敵させたいという国威発揚を期待する発想が潜んでいた。しかし、これに対しては高千穂の峰からスタートすべしという右翼的発想のリレーコースが発案された。各県の体育協会へのアンケートでは圧倒的に高千穂コースが有力であった。しかし組織委員会の案は、オリンピアで採火したあと、船でシリアに着き、バクダッド、テヘラン、カブール、インド北部から中国の新疆省、内蒙古を通り、北京から満州国を巡り朝鮮縦断。門司に上陸して山陽道、東海道を通って東京にいたるコースを纏めた。高千穂も伊勢神宮も入っていなかった。それは、序章に書いた通りである。

アフガニスタン国家から好意的な回答を得たのは事実である。参謀本部はルートの地図が欲しかったなどと戦後いわれたが、そうしたほうが予算が取りやすいという官僚の智恵が披瀝されただけであろう。

ただ中国では攻略していない新疆を掠めて占領地を通って日本統治下の北京からすぐに満州国に戻るコースが発表されたら、ボイコットに火をつけた可能性はあった。

もう一つは会場問題である。明治神宮派と駒沢派が激しく争っていたのである。副島ら国際協調派は明治神宮周辺を活用したかった。しかし近衛内閣が改造され海軍大将の末次信正が内務大臣に就任すると、副島はラトゥルに次のような手紙を書く。五月十八日発である。

「この人事により神宮外苑競技場を拡張または改造してメーンスタジアムとする可能性はなくなったと私は判断しました。私は東京オリンピックを中止するほかないと考え、同僚のＩＯＣ委員たちを説得しましたが拒否されました。こうなった以上は大会開催のために全力を尽くす決意です」。

副島がラトゥルに本心を披瀝しているのか、不可解なところがある手紙とされている。しかし近衛改造内閣の初期にオリンピックは推進の方向だったのである。

副島「返上」を進める

しかし副島にタイムリミットは来た。それはＩＯＣに別の開催地検討の可能性が残っている段階での「返上」を選択しないと、さらに国際関係を悪化させるという現実だった。副島は内閣の改造を捉えて、秘密裏に閣僚に決意を求めた。

「返上」という名誉ある撤退に動いたのは副島の独特の行動力による。この時、組織委員会と東京市のだれとも相談しなかったことが副島の評判を下げる。

結論はどうであったか。文部大臣の荒木貞夫を除き近衛首相はじめ全ての閣僚が、オリンピック「返上」に賛成したのである。天皇の気持ちもあって身動きがとれなかった閣僚たちはほっとした。皇道派の軍人荒木がひとり推進に回ったのを訝る声が戦後もあった。東京市が荒木の真意を確認したところ「引き受けた以上、国際信義はどこまでも守られなくてはならない。かえって威信を失墜する」というものであった。

ぎりぎりの段階での陸海軍大臣の個別の判断は記録されていない。この段階なら日中戦争の継続方針に悪影響はなく、欧米に弱みを見せることはないから、「返上」を進めるべきだ、という判断だったと推測される。

副島は「返上」のための根回しを開始する。相手は当然、担当相（厚相）の木戸幸一だった。

七月七日に商工省が鉄鋼と羊毛が戦時重要物資として消費制限を決定したと発表した。翌日の読売新聞には「先の皮革製品の制限で散々な運動具はまたも大痛手を受けるわけで殊に競技場の建築鉄材不足からその開催が危ぶまれてゐる東京オリンピック大会は（略）全く挟み打ちの苦境に追い込まれるわけだ」という観測記事が出るが、商工省を通じてリークがされたのだろう。

前商工相の吉野信二がオリンピック推進を口にしていただけに、商工省がこんどは多少の非難を浴びても「返上」の先頭に立った。近衛内閣で官房長官並みの働きをしていた木戸の作戦であったろう。

似たような観測記事が他の新聞に載るようになった。落とし所で間違うのを嫌う日本の新聞の官報的正確はいかんなく発揮された。そして七月十一日付けの「ハバス通信」（南米中心の通信社）が日本は諸外国の反日運動を考慮し、一九四四年における開催権を保留した上で次回オリンピック大会を他国に譲るとの意向をＩＯＣに通告する考えだ、と打電した。

これで政府の「返上」は確定した。

組織委員会と東京市は寝耳に水で怒り狂った。そして十四日には木戸が記者会見して「返上」の意思決定を公表した。

その後の推進者たち

紀元二千六百年記念の昭和十五年第十二回東京大会はここで消滅した。

嘉納は五月九日に講道館で一万人の会葬者を集めた葬儀が行なわれた。松戸の八柱霊園に埋葬された。予定されていたオリンピック会場には嘉納の功績を讃える碑が建てられる話もあったが当然実らなかった。

副島は七月二十日にラトゥルに「日本中で最も評判の悪い男になる危険をおかして私は政府が東京、札幌両オリンピック大会の中止を組織委員会に命じるよう働きかけました。……組織委員会と報道陣はひどく憤慨していましたが、私は自分のとった行動を後悔しておりません」と手紙を書いた。

副島は戦後、昭和二十三年十月まで生きた。広田弘毅に東京裁判で死刑判決が出たのは昭和二十三年十一月十二日だった。広田が唯一の文官として死刑になるとは大方は予想していなかった。だから、副島は東京オリンピックを推進した広田を襲う過酷な運命を知らずに没した。

杉村陽太郎は駐フランス大使の時代に嘉納の死とオリンピックの返上を聞いた。しかし体調を壊し日本に帰り家族と束の間の団欒が出来たことを喜んでいるうちに、突如腸閉塞に襲われ昭和十四年三月二十四日死去した。まだ五十四歳だった。

あとがき

「オリンピック返上と満州事変」の書名は書肆が選んだものである。これでは返上に終った第十二回の東京オリンピックのことか、実現した第十八回のことか弁別できないとの疑問があった。しかし書き上げてみれば「オリンピック返上と満州事変」もふさわしいような気がした。

実現した昭和三十九年の第十八回東京オリンピックも満州事変以後の戦争、外交の影響を十分に受けていて実現は遠い道だったからである。

敗戦に終った太平洋戦争は、満州事変から続く一連の戦争の帰結で桁違いの惨禍を生んだからである。

昭和二十年の敗戦で日本は今度は完全に国際社会から締め出された。その日本で、オリンピックはノーベル賞、南極探検、マナスル登頂などと並ぶ国際社会復帰を象徴する明るいニュースとして関心を集めた。団塊世代の筆者もこの状況はよく知っている。第十二回の「返上」の影響は戦後も生きていた。

オリンピックへの復帰は敗戦国としていばらの道だった。敗戦の時のIOC委員は副島道正と永井松三、高石真五郎だった。副島、永井はいまだオリンピック関係者だったのである。昭和二十二年二人は戦後初のロンドン大会（昭和二十三年）への参加を表明した。マッカーサーが日本には体育協会が復活していると推薦した。マッカーサーはアントワープ大会に米国の選手団長として参加したほどのスポーツマンで理解があった。

ロンドン大会に日本とドイツが参加が出来なかったのは英国が反対したからである。

副島は二十三年に没したが永井は昭和二十五年までIOC委員を務め、ヘルシンキ大会（二十七年）での戦後初参加に力を尽くした。嘉納治五郎の死に立ち会った永井の人物像を書き残したが、永井はロンドン軍縮会議に随員として出席した練達の外交官で、リットン調査団が来日した時の外務事務次官だった。団員だったドイツのシュネー博士が永井次官に芸者がはべる宴会に招かれたと「満州国見聞記」に書き残している。永井は内田外相の下で調査団の応接に苦労したのだろう。永井は太平洋戦争中の知識人の記録である清沢洌の「暗黒日記」に登場する。東條政権に批判的だった。戦後このエネルギーを平和外交としてのオリンピック招致に燃焼させた。

同じ「暗黒日記」の中でフィリピンのヴァルガスは「大東亜共栄圏」に追従した人物として批判さ

れている。戦後本国で裁判にかけられたが無罪となり、IOC委員を続けた。一九五九年の総会では「東京」に再び投票した。

この物語の発端になった国際連盟脱退の「詔書」を発した昭和天皇が第十八回東京オリンピックの推進者として姿を現したのは、昭和三十年五月十四日、東京で開かれたIOC総会の前夜祭だった。天皇の開会宣言で始まった。しかし天皇は戦前の大会のことには触れなかったようである。

十二回大会の東京招致の立役者ラトゥルが出席していれば昭和天皇も触れたかもしれない。ラトゥルは昭和十七年に飛行機事故の奇禍にあい生涯を閉じていた。

嘉納治五郎が生きていたら、昭和十五年の東京オリンピックが開催されたかどうかの疑問はナゾのままとせざるを得なかった。嘉納治五郎の最後の戦いは、南京陥落の後、四面楚歌となった昭和十三年三月のIOCカイロ総会だった。開催の障害は日中戦争の停戦時期だった。首都南京は陥落していたが、蒋介石は米国と英国の支援を得て重慶に脱出した。カイロ総会には蒋介石と英米を結びつけた王正廷米国大使が出席し開催地変更論を叫んだ。王は蒋介石の長期戦の覚悟を知っていただろう。しかし嘉納は王をねじ伏せて、東京開催確認をもぎ取った。だが、嘉納が生きていても、日中戦争が続いていれば、開催されたとしても参加国は少なかったに違いない。それでも嘉納は開催を望んだかどうかナゾのままである。

本書の出版は、東京都が中心になって進めている二〇一六年のオリンピック招致運動と重なった。

しかし参考にしてほしいという意図はない。戦争の時代に起きたことは平和の時代に参考にならない。こんどは十八回東京オリンピック以上に平和の中でのオリンピック招致である。ぜひ成功してほしいと思っている。

平成二十一年八月十五日

梶原　英之

引用・参考文献

鈴木明著『東京遂に勝てり！　1936年ベルリン至急電』（1994年、小学館刊）
橋本一夫著『幻の東京オリンピック』（1994年、NHKブックス）
波多野勝著『東京オリンピックへの遥かな道——招致活動の軌跡1930—1964』（2004年、草思社刊）
杉村陽太郎著『果して強国は醒めたりや』（1992年、国際聯盟協会刊）
杉村陽太郎講演『国際聯盟脱退前後の経緯』（聯合通信社「講演」昭和八年六月下旬号）
杉村陽太郎著『国際外交録』（1933年、中央公論刊）
川成　洋著『幻のオリンピック』（1992年、筑摩書房刊）
服部龍二著『広田弘毅』（2008年、中公新書）
趙聖九著『朝鮮民族運動と副島道正』（1998年、研文出版刊）
有竹修二著『齋藤實』（1958年、時事通信三代宰相列伝）
有竹修二著『昭和経済側面史』（1952年、河出書房刊）

伝記刊行会『松岡洋右(1)　その人と生涯』（1974年、講談社）
前坂俊之著『太平洋戦争と新聞』（2007年、講談社学術文庫）
牛島秀彦著『スポーツ狂気と日本人』（1972年、エール出版）
阿羅健一著『日中戦争はドイツが仕組んだ』（2008年、小学館）
パンフレット「極東大会に対する満洲国参加問題」
中村哲夫「第12回オリンピック東京大会研究序説（Ⅰ）——その招致から返上まで」（三重大学教育学部研究紀要第36巻　1985年）、中村哲夫「同（Ⅱ）」（1989年）
中村哲夫「アメリカにおける1936年ベルリン・オリンピック参加問題に関する研究ノート」（三重大学教育学部研究紀要第59巻　2008年）
「近代オリンピック100年の歩み」（ベースボールマガジン社　1994年）

著者：梶原　英之（かじわら　ひでゆき）

1948年，岐阜生まれの東京育ち．慶応大学経済学部卒業．

1974年，毎日新聞社入社．大阪本社経済部，東京本社経済部，「エコノミスト」編集委員などを歴任．現在，フリーの経済ジャーナリスト．

＊＊＊＊＊バウンダリー叢書＊＊＊＊＊
オリンピック返上と満州事変
2009年9月10日　第1刷発行

発行所：㈱海 鳴 社　http://www.kaimeisha.com/

〒101-0065　東京都千代田区西神田２－４－６
Eメール：kaimei@d8.dion.ne.jp
電話：03-3262-1967　ファックス：03-3234-3643

発 行 人：辻　信行
組　版：海 鳴 社
印刷・製本：モリモト印刷

出版社コード：1097

ISBN 978-4-87525-261-0